AF460274

RICHE

MOBILIER ARTISTIQUE

OBJETS D'ART — TABLEAUX

PARIS. — IMPRIMERIE DE L'ART

E. MÉNARD ET J. AUGRY, 41, RUE DE LA VICTOIRE

CATALOGUE

DU

RICHE MOBILIER ARTISTIQUE

DES

OBJETS D'ART

DES TABLEAUX

ET DES LIVRES

GARNISSANT L'HOTEL DE M. Auger

14, PLACE MALESHERBES, 14

OÙ LA VENTE AURA LIEU

Les Lundi 17, Mardi 18, Mercredi 19, Jeudi 20, Vendredi 21 et Samedi 22 Mai 1886

A DEUX HEURES

COMMISSAIRE-PRISEUR

Me PAUL CHEVALLIER

10, rue de la Grange-Batelière, 10

EXPERTS

POUR LES OBJETS D'ART

M. CHARLES MANNHEIM

7, rue Saint-Georges, 7

POUR LES TABLEAUX

M. E. FERAL, peintre

54, Faubourg-Montmartre, 54

POUR LES LIVRES

M. J. MARTIN, rue Séguier, 18.

EXPOSITIONS

PARTICULIÈRE : Le Samedi 15 Mai 1886

PUBLIQUE : Le Dimanche 16 Mai 1886

DE UNE HEURE A SIX HEURES

CONDITIONS DE LA VENTE

Elle se fera au comptant.

Les adjudicataires paieront *cinq pour cent* en sus des enchères, applicables aux frais.

L'exposition mettant le public à même de se rendre compte de l'état des objets, il ne sera admis aucune réclamation une fois l'adjudication prononcée.

Paris. — Imprimerie E. Ménard et J. Augry, 41, rue de la Victoire.

ORDRE DES VACATIONS[1]

Le Lundi 17 Mai 1886

Livres	N°s	105 à 133
Aquarelles, dessins et gravures (modes et costumes)	—	83 à 104
Tableaux	—	1 à 82

Le Mardi 18 Mai 1886

Porcelaines	—	261 à 340
Miniatures	—	134 à 155
Bijoux	—	156 à 195
Boites et tabatières	—	196 à 208

Le Mercredi 19 Mai 1886

Orfèvrerie		209 à 260
Sculptures	—	341 à 358
Bronzes d'art	—	370 à 376
Objets et meubles de l'Orient		359 à 369

Le Jeudi 20 Mai 1886

Bronzes d'ameublement		377 à 443
Pendules et cartels	—	350 à 369
Meubles anciens et de style	—	444 à 495

Le Vendredi 21 Mai 1886

Meubles en bois doré	—	496 à 507
Glaces	—	508 à 523
Sièges de luxe	—	524 à 552
Sièges courants	—	553 à 596
Étoffes et tentures	—	597 à 647
Tapis	—	648 à 665

Le Samedi 22 Mai 1886

Batterie de cuisine		736
Faïences modernes	—	666 à 670
Verrerie	—	671 à 675
Meubles courants	—	676 à 735

1. N. B. — *L'ordre numérique ne sera pas suivi.*

DÉSIGNATION

TABLEAUX

BAUDOUIN

(D'après P. A.)

1 — *Le Lever.*

Une jeune femme descend de son lit : deux suivantes s'occupent de sa toilette.

Composition gravée.

Bois. Haut., 26 cent ; larg., 20 cent.

BLANCHARD

(1877)

2 — *Portrait de jeune femme.*

Vue de face, vêtue d'une robe grise garnie de fourrures.

Toile. Haut., 62 cent.; larg., 50 cent.

BOILLY

(LOUIS)

3 — *La Jeune Artiste.*

Debout, vêtue d'une robe blanche, elle prend un dessin dans un portefeuille posé sur un fauteuil; dans le fond, des plâtres éclairés par une lampe accrochée au mur; à gauche, une toile sur un chevalet.

Toile. Haut., 40 cent.; larg., 32 cent.

BOILLY

(LOUIS)

(PENDANT DU PRÉCÉDENT)

4 — *Le Déjeuner.*

Dans une chambre éclairée par une fenêtre de mansarde, une jeune fille assise tient un épagneul sur ses genoux; devant elle, sur une table, un pain, des œufs, une théière et différents objets; sur la droite, des ustensiles de cuisine.

Toile. Haut., 40 cent.; larg., 32 cent.

BOILLY

(LOUIS)

5 — *Le Jardin.*

Une fillette blonde, vêtue d'une robe blanche, une écharpe de soie gris-perle sur les épaules nouée à la ceinture, regarde un papillon se posant sur une fleur; son petit frère, qui porte un panier de fleurs, lui présente une rose.

Bois, cintré du haut. Haut., 30 cent.; larg., 31 cent.

BOUCHER

(D'après F.)

6 — *L'Enfant Jésus et le jeune saint Jean.*

Bois ovale. Haut., 21 cent.; larg., 16 cent.

BOUCHER

(École de F.)

7 — *Portrait de jeune femme.*

Vue de face, à mi-corps, les cheveux relevés et poudrés, couverte d'un pardessus en soie bleue; fleurs au corsage.

Toile ovale. Haut., 40 cent.; larg., 31 cent.

CALLET

(DEUX PENDANTS)

8 — *L'Offrande à l'Amour.*

Une jeune fille, vêtue d'une tunique blanche serrée par une ceinture rose, fait un serment devant la statue de l'Amour; sur le devant, deux colombes et une corbeille de fleurs.

9 — *Bacchante.*

Elle danse, tenant des cymbales; à ses pieds, un vase d'or renversé. Au second plan, deux petits faunes se donnant la main.

Toiles. Haut., 1 m. 27 cent.; larg., 85 cent.

COYPEL

10 — *La Toilette des petites filles.*

Une troupe de fillettes sont réunies dans un intérieur ; l'une d'elles, assise, se regarde dans un miroir pendant qu'une suivante arrange sa coiffure.

Répétition en plus petit du tableau qui faisait partie de la collection du comte de Pourtalès.

Toile. Haut., 64 cent.; larg., 80 cent.

COYPEL

CHARLES

11 — *L'Amour maître d'école.*

Costumé en abbé, assis sur une chaise, son carquois et ses flèches cachés sous son habit, il tient *l'Art d'aimer* et l'apprend à trois jeunes filles.

Signé.

Ce pastel a été gravé par Lépicié.

La gravure porte le quatrain suivant :

L'air grave que je fais paraître,
Belles, ne doit point alarmer ;
Il caractérise le maître
Et ne le fait pas moins aimer.

Pastel. Haut., 78 cent.; larg., 61 cent.

DECAMPS

12 — *Les Bûcheronnes.*

Une femme âgée porte sur ses épaules un fagot de bois mort, suivie par une paysanne qui donne la main à son enfant.

Signé sur un rocher : Decamps.

Bois. Haut., 28 cent.; larg., 45 cent.

DECAMPS

13 — *La Halte.*

Des Arabes sont arrêtés avec leurs chameaux auprès d'une fontaine.

Vers le fond, on aperçoit des cavaliers lancés au galop.

Bois. Haut., 27 cent.; larg., 30 cent.

DE JONGHE

GUSTAVE

14 — *La Lettre.*

Une jeune femme, dans l'atelier d'un artiste, ouvre furtivement le tiroir d'une table à colonnes torses et en soustrait une lettre.

Bois. Haut., 31 cent.; larg., 24 cent.

DE MARNE

(LOUIS)

15 — *La Porte de la ferme.*

Une paysanne, conduisant deux vaches et deux chèvres, longe une route pavée au fond de laquelle on aperçoit une habitation avec tourelles. Une charrette, chargée de paille, passe sous une porte voûtée: un homme est assis sur un banc de pierre.

Bois. Haut., 52 cent.; larg., 40 cent.

DESHAYS

16 — *Le Lever.*

Une jeune fille, assise auprès de son lit, la tête penchée vers la gauche, paraissant dans un demi-sommeil; près d'elle un petit chien qu'elle tient par un ruban bleu.

Toile. Haut., 70 cent.; larg., 58 cent.

EISEN

(Attribué à CHARLES)

17 — *Intérieur sous Louis XV.*

Dans une salle servant de bibliothèque, une jeune dame, portant une élégante toilette rose agrémentée de dentelles, est assise devant un bureau, elle tient une carte géographique et discute avec un jeune seigneur, vêtu d'un habit gris-perle. A droite, une mappemonde ; dans le fond, une bibliothèque.

Bois, cintré du haut. Haut., 40 cent.; larg., 30 cent.

ENAULT

Mme ALIX

18 — *La Jeune Musicienne.*

Assise, vêtue d'une robe de soie verte, elle tient une mandoline et tourne les feuillets d'une partition posée sur une table.

Dans le fond, un paravent japonais.

Bois. Haut., 46 cent.; larg., 33 cent.

FRAGONARD

HONORÉ

19 — *Le Repos de la Sainte Famille.*

La Vierge, assise sur un socle de pierre, vêtue d'une robe rouge avec manteau bleu, tient dans ses bras l'Enfant Jésus qu'elle embrasse : ils sont entourés de légers nuages derrière lesquels on aperçoit saint Joseph : dans le haut, quelques chérubins.

Toile ovale. Haut., 55 cent.; larg., 45 cent.

FRAGONARD

D'après H.

20 — *La Fuite à dessein.*

Jeune fille fuyant dans la campagne, suivie d'un jeune villageois que l'on aperçoit vers le fond.

Toile ovale. Haut., 50 cent.; larg., 45 cent.

GREUZE

(D'après J. B.)

21 — *La Savonneuse.*

Elle est accroupie, lavant son linge, une bouilloire placée près d'elle; sur la gauche, un baquet près d'un meuble sur lequel est posé un chaudron en cuivre jaune.

Toile. Haut., 70 cent.; larg., 60 cent.

GREUZE

(D'après J. B.)

22 — *La Bacchante.*

Vue en buste, les cheveux blonds bouclés, les épaules nues.

Toile. Haut., 46 cent.; larg., 36 cent.

GREUZE

(D'après J. B.)

23 — *Jeune femme en buste, coiffée d'un chapeau de paille.*

Toile. Haut., 48 cent.; larg., 40 cent.

GREUZE

(D'après J. B.)

24 — *La Madeleine.*

Vue en buste.

Toile. Haut., 45 cent.; larg., 38 cent.

GUÉRIN

(F.)

25 — *Portrait de la marquise de Pompadour.*

Assise dans un somptueux salon, vêtue d'une robe de soie fond blanc à bouquets de roses, elle tient une brochure et caresse un chien monté sur un petit bureau placé devant elle : une petite fille, vêtue d'une robe bleue, tient un oiseau qu'elle va mettre en cage.

Au fond, une grande glace dans laquelle se reproduisent le dos et la tête de la marquise.

Signé en toutes lettres.

Provenant de la collection de Mme la duchesse de Berry.

Toile. Haut., 31 cent.; larg., 24 cent.

GUÉRIN

(F.)

26 — *La Cruche cassée.*

Une jeune fille, vêtue de blanc, tenant des fleurs dans son tablier, debout à une fontaine, regarde d'un air pensif sa cruche brisée à ses pieds.

Bois. Haut., 26 cent.; larg., 17 cent.

HALLÉ

(1756)

27 — *La Nymphe Io changée en vache.*

Ce tableau a figuré au Salon de 1757; il est décrit dans la correspondance de Grimm et provient de la vente Chabrillan.

Toile. Haut., 1 m. 8 cent.; larg., 1 m. 50 cent.

HUATT

28 — *Jeune Fille endormie.*

Aquarelle. Haut., 40 cent.; larg., 25 cent.

ISABEY

(EUGÈNE)

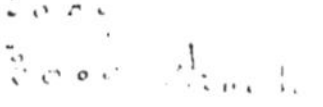

29 — *Le Parc.*

Des dames et des seigneurs, groupés devant un bassin, regardent quelques cygnes au plumage blanc; leurs cous tendus vers les élégants visiteurs, ils semblent attendre une part de friandise.

Bois. Haut., 27 cent.; larg., 21 cent.

JOYANT

(J.)

30 — *Vue de Venise.*

Le Grand Canal : à droite les prisons, le palais des Doges, l'entrée de la Piazzetta et la Bibliothèque. Vers le fond, la douane et l'église de la Salute.

Toile. Haut., 43 cent.; larg., 60 cent.

LAGRENÉE

31 — *La Petite Musicienne.*

Assise devant un clavecin, vue à mi-corps, de face, les cheveux blonds serrés par un ruban et ornés d'une rose ; robe blanche décolletée, manteau bleu ; elle tourne les feuillets d'une partition posée sur le clavecin.

Toile. Haut., 50 cent.; larg., 61 cent.

LAMY

(JOSEPH)

32 — *Jeune Fille.*

Haut., 61 cent.; larg., 71 cent.

LANCRET

(NICOLAS)

33 — *Le Nid d'oiseaux.*

Trois jeunes paysannes dans leurs charmants atours et deux jeunes garçons sont groupés à l'ombre d'un bosquet ; l'un d'eux, debout, vêtu d'un élégant costume de soie rose orné de rubans bleus, regarde son compagnon qui présente à une des fillettes un nid d'oiseau.

Toile. Haut., 70 cent.; larg., 90 cent.

LANDELLE

34 — *Portrait de femme.*

Vue en buste, vêtue d'un costume oriental.

Toile. Haut., 60 cent.; larg., 50 cent.

LECLERC DES GOBELINS

(DEUX PENDANTS)

35 — *Personnages dans des parcs.*

Toiles. Haut., 60 cent.; larg., 72 cent.

LECŒUR

36 — *Le Petit Chaperon-Rouge et le loup.*

LÉPAULE

37 — *Tête de chien.*

MERLE

(HUGUES)

38 — *La Soubrette curieuse.*

MERLE

(HUGUES)

39 — *Jeune Bergère et son chien.*

Pastel ovale. Haut., 80 cent.; larg., 70 cent.

MIGNARD

(PIERRE)

40 — *Portrait de Louis XV enfant.*

Vu en pied, marchant vers la gauche, coiffé d'une toque avec plumes, robe grenat, écharpe grise, l'épée au côté, le grand cordon du Saint-Esprit en sautoir, il tient un bâton au haut duquel sont des grelots.

Toile. Haut., 1 m. 10 cent.; larg., 65 cent.

MOSNIER

(1762)

41 — *La Jeune Mère.*

Assise, tenant son enfant sur ses genoux, elle se dispose à lui donner le sein, les cheveux poudrés, vêtue d'une robe de soie rose décolletée ; à sa gauche, le berceau de son enfant.

Signé et daté.

Toile. Haut., 1 m. 34 cent.; larg., 1 m. 10 cent.

NATTIER

42 — *Portrait de jeune fille, vêtue d'une robe rose garnie de dentelles.*

Toile ovale. Haut., 52 cent.; larg., 40 cent.

O'CONNELL

(Mme F.)

43 — *Jeune fille tenant des fleurs.*

Vue en buste, la tête de trois quarts tournée à gauche, les cheveux châtains.

Bois. Haut., 55 cent.; larg., 43 cent.

OS

(VAN)

44 — *Fruits et fleurs sur une console de marbre.*

OSCYPABENBRS

45 — *Jeune Fille russe.*

Effet de lumière.

Toile. Haut., 65 cent.; larg., 55 cent.

OUDRY

(J. B.)

SUJETS DE CHASSE. — Deux pendants.

46 — *Un Chien en arrêt auprès de deux faisans.*

47 — *Deux Chiens gardant un lièvre et une perdrix attachés à une branche d'arbre.*

Au dos se trouve l'inscription:
Peint pour le Roy par J.-B. Oudry, 1747.

Cuivres. Haut.; 17 cent.; larg., 21 cent.

POIRSON

(MAURICE)

48 — *Un Restaurant sous le Directoire.*

Bois. Haut., 45 cent.; larg., 32 cent.

PRUD'HON

(Genre de)

(DEUX PENDANTS)

49-50 — *L'Hyménée.*

Des amants étendus sur un lit de repos; dans l'un, une femme joue de la harpe; dans l'autre, une femme apporte une guirlande de fleurs.

Toiles. Haut., 65 cent.; larg., 1 m. 25 cent.

RAPHAEL

(D'après)

51 — *Saint Jean.*

Cadre italien en bois doré, orné de chardonnerets.

Haut., 1 m. 4 cent.; larg., 72 cent.

ROQUEPLAN

(CAMILLE)

52 — *La Rêveuse.*

Assise au bord d'un cours d'eau, l'air pensif, la tête appuyée sur la main droite; corsage blanc, jupon de soie rose.

Toile ovale. Haut., 26 cent.; larg., 21 cent.

ROQUEPLAN

(D'après C.)

53 — *Le Lion amoureux.*

Esquisse.

SCHLESINGER

54 — *La Jeune Italienne.*

Toile. Haut., 62 cent.; larg., 72 cent.

SIEURAC

(HENRI)

55 — *L'Offrande à l'Amour.*

Une jeune femme ayant près d'elle une colombe blessée est assise devant la statue de l'Amour qu'elle implore.

Bois. Haut., 32 cent.; larg., 40 cent.

TARAVAL

56 — *Paysanne endormie.*

Vue en buste, les cheveux blonds serrés par un ruban, corsage bleu avec manches violettes.

Toile. Haut., 45 cent.; larg., 35 cent.

TOULMOUCHE

57 — *Le Roman défendu.*

Quatre jeunes filles sont entrées dans une bibliothèque, l'une d'elles écoute à la porte pour ne pas être surprises, deux autres tiennent un livre dont elles examinent avec curiosité le contenu.

Bois. Haut., 60 cent.; larg., 50 cent.

VALLIN

58 — *Jeune Fille blonde.*

Vue en buste, vêtue d'une robe violette avec écharpe jaune.

Toile. Haut., 45 cent.; larg., 36 cent.

VALLIN

59 — *Bacchante.*

Toile ovale. Haut., 50 cent.; larg., 40 cent.

VAN BEERS

(JAN)

60 — *La Joueuse de harpe.*

VERLAT

61 — *Le Chien du pauvre.*

Il tient dans sa gueule une écuelle contenant quelques sous; sur la droite, un violon et un tambour de basque.

Bois. Haut., 28 cent.; larg., 26 cent.

VERLAT

(PENDANT DU PRÉCÉDENT)

62 — *Le Chien du riche.*

Debout, un morceau de sucre sur le bout de son nez, il tient une cravache.

Sur le devant, un sucrier en argent.

Bois. Haut., 28 cent.; larg., 26 cent.

VERLAT

(D'après)

63 — *Le Chien savant.*

Debout à l'angle d'un mur, un morceau de sucre sur le nez, tenant un fouet.

Bois. Haut., 40 cent.; larg., 32 cent.

VIEN

(M.)

64 — *Le Bain.*

Une jeune fille debout, au bord d'un bassin, accoudée sur une balustrade de pierre ; une suivante, agenouillée près d'elle, s'occupe de sa toilette.

Signé et daté.

Toile. Haut., 90 cent.; larg., 67 cent.

VITELLI

(Genre de VAN)

65 — *Saint-Pierre de Rome.*

WILLE

(GEORGES)

66 — *La Toilette.*

Dans un intérieur du temps de Louis XVI, une jeune femme. vêtue d'un élégant costume du temps, robe de satin blanc, coiffure relevée et poudrée avec plume, debout devant un miroir, fixe un bouquet à son corsage. Une suivante, placée à sa gauche, lui apporte une tasse de thé.

Signé.

Toile. Haut., 55 cent.; larg., 40 cent.

WILLE

67 — *Jeune Fille blonde.*

Vue en buste, la tête de trois quarts tournée vers la droite, vêtue d'une robe bleue.

Toile ovale. Haut., 48 cent.; larg., 35 cent.

WINTERHALTER

68-69 — Deux esquisses pour les portraits des filles de la reine Victoria : la princesse Victoria d'Allemagne et la princesse Louise. L'une est vêtue d'une robe de velours, l'autre tient des fleurs.

Toiles. Haut., 53 et 45 cent.; larg., 46 et 37 cent.

ÉCOLE ANGLAISE

70 — *Paysage coupé par une rivière.*

Toile. Haut., 30 cent.; larg., 34 cent.

ÉCOLE ANGLAISE

71 — *Les Moissonneuses.*

Pastel. Haut., 80 cent.; larg., 58 cent.

ÉCOLE FRANÇAISE

72 — *Portrait de Marie-Thérèse de Savoie.*

Ayant près d'elle ses enfants, le duc d'Angoulême, le duc de Berry et la princesse Sophie.

Dans un intérieur, assise sur un canapé auprès d'une table sur laquelle est posé un vase de fleurs, elle donne la main à la princesse Sophie et tient dans ses bras son plus jeune enfant, le duc de Berry.

Toile. Haut., 45 cent.; larg., 37 cent.

ÉCOLE FRANÇAISE

73 — *Portrait de jeune femme.*

Vue en buste, les cheveux blonds relevés et attachés par un ruban bleu, les épaules nues.

Pastel. Haut., 45 cent.; larg., 37 cent.

ÉCOLE FRANÇAISE

74 — *Portrait de jeune femme.*

Vue à mi-corps, la tête couverte d'un voile blanc, elle tient un livre.

Pastel ovale. Haut., 65 cent.; larg., 52 cent.

ÉCOLE FRANÇAISE

75 — *Trois Amours sur des nuages.*

Toile ovale. Haut., 55 cent.; larg., 45 cent.

ÉCOLE MODERNE

76 — *Enfant regardant des images.*

Toile. Haut., 50 cent.; larg., 60 cent.

ÉCOLE MODERNE

77 — *Une Dame donnant des ordres à sa servante.*

Toile. Haut., 72 cent.; larg., 58 cent.

ÉCOLE MODERNE

78 — *Jeune Femme tenant des bijoux.*

Pastel ovale. Haut., 80 cent.; larg., 70 cent.

ÉCOLE MODERNE

79 — *Jeune Fille en buste.*

Toile. Haut., 48 cent.; larg., 38 cent.

ÉCOLE MODERNE

80 — *Paysage de forme ronde.*

Diam., 31 cent.

ÉCOLE MODERNE

81 — *Paysage avec animaux.*

Toile ovale. Haut., 20 cent.; larg., 34 cent.

ÉCOLE MODERNE

82 — *Sainte Geneviève.*

Pastel. Haut., 26 cent.; larg., 20 cent.

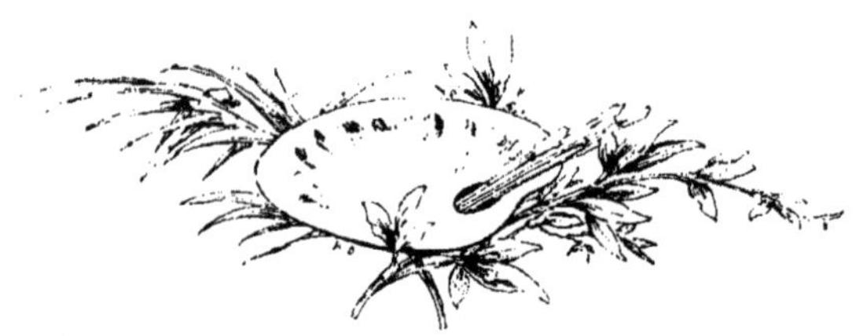

DÉSIGNATION DES OBJETS

MODES — COSTUMES

RECUEILS D'AQUARELLES, DESSINS ET GRAVURES

83 à 87 — Vingt gravures en couleur, d'après Debucourt, Carle et Horace Vernet, etc. Dans cinq cadres.

88 — Costumes de divers pays. Album d'aquarelles.

89 — Costumes parisiens de 1807 à 1829. Gravures coloriées, 1 vol.

90 — Costumes du premier Empire, de la Restauration, etc. Aquarelles attribuées à H. Vernet. 4 vol.

91 — Costumes de 1515 à 1834. Lithographies coloriées. 1 vol.

92 — J. Staal. Dessins originaux. Coiffures de tous les pays, 1 vol.

93 — Modes de 1797 à 1831. Gravures coloriées. 1 vol.

94 — Dessins de modes, par H. Vernet. Aquarelles. 1 vol.

95 — Costumes de modes de 1797 à 1823. Gravures coloriées. 1 vol.

96 — Costume of the Ladies of England, 1809-1829. Gravures coloriées, 1 vol.

97 — Cabinet de modes. Gravures coloriées, 1 vol.

98 — Modes de 1801 à 1854. Gravures coloriées, 1 vol.

99 — Costumes. Dessins et gravures mélangés, 1 vol.

100 — Galeries des modes et costumes français. Ouvrage commencé en 1778. Gravures coloriées, 1 vol.

101 — Costumes français. Aquarelles et gravures réunies, 1 vol.

102 — Costumes français. Aquarelles par Debucourt, Isabey, Pierre, H. Vernet, etc., 1 vol.

103 — Travestissements. Gravures coloriées, 1 vol.

104 — Album de modes. Aquarelles par Horace Vernet, 1 vol.

LIVRES

105 — Alcoran de Mahomet, traduit d'arabe en françois, par le sieur Du Ryer. *La Haye*, 1785, petit in-12, mar. bl., tr. dor.

106 — Béranger. Chansons. *Paris, Baudouin*, 1828, 2 vol. in-8, demi-rel. mar. Figures d'Henri Monnier.

107 — Catalogue d'une collection de tableaux provenant du cabinet de M. D. P. (Du Reuil), par Lebrun. *Paris*, 1811, in-8, mar. rouge.

Exemplaire aux armes de Napoléon Ier, avec les prix et les noms des acquéreurs.

108 — CERVANTES. Histoire de Don Quichotte. *Paris*, 1798, 4 vol. in-8, v., tr. dor. *Figures avant la lettre.*

109 — CHATEAUBRIAND. Œuvres complètes. *Paris. Lefèvre*, 1830, 20 vol. in-8, demi-rel.

110 — CHAUSSARD. Fêtes et Courtisanes de la Grèce. *Paris*. 1801, 4 vol. in-8, v. *Fig.*

111 — DU CHESNE. Figures mystiques du riche et précieux cabinet des Dames. *Paris*, 1605, petit in-12, chag.

112 — ÉTRENNES chantantes avec des couplets analogues aux Modes parisiennes, enrichies de nouvelles coiffures les plus galantes et habillements les plus en usage. *Paris, Desnos* (1777), petit in-18, rel. *Figures de modes coloriées.*

113 — FAVRE (M. de). Les Quatre Heures de la toilette des Dames, poème érotique en quatre chants. *Paris, Bastien*, 1779, gr. in-8, mar. rouge, fil., tr. dor., rel. anc. *Figures de Leclerc.*

Bel exemplaire en papier de Hollande, aux armes de Philippe d'Orléans et de Bourbon-Penthièvre.

114 — GALERIE du Musée Napoléon. 10 vol. rel., dor. sur tr.

115 — GŒTHE. Werther. *Paris, Hetzel*, 1845, gr. in-8, demi-rel., tr. dor. Eaux-fortes de Tony Johannot.

116 — GUINOT. L'Été, à Bade. *Paris, Bourdin*, gr. in-8, demi-rel. *Fig. de T. Johannot, E. Lami, etc.*

117 — GUISE (Mlle de). Les Amours du Grand Alexandre. *Paris, Didot*, 1786, 2 vol. in-12, mar. rouge, tr. dor. (*Simier.*)

118 — Hollar. Aula Veneris, sive varietas fœminini sexus diversarum Europæ nationum, differentiaque habituum ut in qualibet provincia sunt, apud illas nunc usitati. *Londini*, 1644, petit in-12, demi-rel. *59 figures de costumes.*

119 — Hugues d'Hancarville. Monumens du culte secret des Dames romaines. *A Caprée*, 1784, in-4, demi-rel., mar. vert. *Figures.*

120 — La Fontaine. Contes et Nouvelles en vers. *Amsterdam* (Paris), 1762, 2 vol. in-8, mar. rouge, fil., tr. dor., rel. anc. *Figures et vignettes d'Eisen et Choffard.*

Bel exemplaire de l'édition des Fermiers-Généraux, avec les culs-de-lampe de Choffard, tirés à part.

121 — La Mode illustrée, 14 vol. rel., livraisons non rel.

122 — La Serre. Les Amours des Dieux. *Paris*, 1639, petit in-8, demi-rel. Fig.

123 — La Vie Parisienne, 24 vol. rel., livraisons non rel., depuis la fondation jusqu'à 1886.

124 — Le Monde illustré, 15 vol. rel. et livraisons non rel.

125 — Paradoxe sur les Femmes où l'on tâche de prouver qu'elles ne sont pas de l'espèce humaine. *Cracovie*, 1766, in-12, v.

126 — Pascal. Pensées, publiées par Faugère. *Paris*, 1844, 2 vol. in-8, v.

127 — Platine en francoys tres utile et necessaire pour le corps humain qui traicte de honneste volupte et de toutes viandes

et choses que l'homme mange..... *Imprimé à Paris, par Michel Le Noir*, 1519, petit in-4, mar. vert.

128 — Retz (le Cardinal de). Mémoires. *Paris, Furne*, 1828, 5 vol. in-8, demi-rel.

129 — Saint-Pierre (Bernardin de). Paul et Virginie. *Paris, Curmer*, 1838, gr. in-8, mar. bl., tr. dor. *Fig. de Meissonier, Jacque*, etc.

130 — Scarron. Roman comique. *Paris*, 1825, 2 vol., demi-rel. mar.

131 — Sévigné (Mme de). Lettres. *Paris, Blaise*, 1818, 12 vol. — Mémoires de Coulanges, 1 vol. — Collection de portraits du siècle de Louis XIV, 1 vol. Ens. 14 vol. in-8, mar. viol., tr. dor. *Portraits*.

132 — Tallemant des Réaux. Les Historiettes. *Paris, Delloye*, 1840, 10 tomes en 5 vol. in-12, demi-rel.

133 — Thiers. Histoire de la Révolution française. *Paris*, 1834, 10 vol. in-8, demi-rel.

MINIATURES ET ÉMAUX

134 — Très belle miniature ronde par Hall : portrait d'une jeune femme représentée à mi-corps dans un parc, en ravissant costume Louis XVI ; corsage de soie lacé, décolleté, à manches de gaze à rayures, agrémentées de ruches et de rubans bleus. Des fleurs sont piquées dans sa coiffure.

135 — Belle peinture sur émail, représentant une dame de l'époque Louis XIV, tenant un miroir à la main ; robe blanche garnie de guipure, guirlande de fleurs passée en écharpe, manteau bleu.

136 — Peinture rectangulaire sur émail, par Henry Bone : portrait de Marie Stuart, en pied, d'après l'original, faisant partie de la collection de Lord Salisbury. Cadre à ornements en relief dorés et fond noir.

137 — Plaque en émail, par Henry Bone : portrait de Lady Padget. Cadre noir et or.

138 — Belle et importante miniature rectangulaire, attribuée à Ch. Coypel, et représentant une jeune femme aux prises avec l'Amour qui la menace de ses flèches. Cadre sculpté et doré.

139 — Miniature ronde, par Isabey : portrait de jeune femme à chevelure brune bouclée, représentée de face, une main sur la poitrine, vêtue d'un corsage rouge à col et revers de velours, passé sur une robe blanche. La figure se détache sur l'azur du ciel. Signée à gauche.

140 — Miniature ronde, par Isabey : portrait d'homme à longs cheveux poudrés de blanc, vu de face, en buste, le cou serré dans une cravate blanche, gilet blanc et redingote bleue. Signée à gauche.

141 — Miniature rectangulaire, dans le goût de Baudoin : jeune femme couchée sur une chaise longue, dans un boudoir Louis XV. Cadre en bronze doré à perles et ruban.

142 — Miniature ronde : portrait de jeune homme représenté de face, dans un paysage, en costume du Directoire, chapeau noir, cravate blanche, habit rouge zébré de bandes noires.

143 — Miniature ronde : portrait de jeune femme, en buste, robe bleue, fichu de gaze, bouquet de bluets au corsage.

144 — Miniature ovale, en grisaille : jeune femme vue de profil.

145 — Miniature ovale, de l'école anglaise : portrait de Lady Blessington, représentée de face, en buste, en robe blanche décolletée, avec fleurs au corsage. Cadre en bronze doré à rubans.

146 — Jolie miniature ronde, de la fin du XVIIIe siècle : portrait de jeune femme à cheveux bouclés, représentée en buste, avec chapeau et mante de soie garnis de rubans bleus et se détachant sur le ciel. Cadre Louis XVI, en bronze à perles et rubans.

147 — Très petite miniature ovale, par Isabey : portrait de Mme Récamier, de face, en robe blanche décolletée. Signée. Cadre rectangulaire, Empire, en cuivre finement ciselé et doré, à feuilles d'eau, palmettes et feuillages.

148 — Très jolie miniature ronde, par Sicardi, signée et datée 1792 : portrait de jeune femme, de trois quarts, coiffée d'un bonnet blanc agrémenté de rubans bleus, vêtue d'un fichu blanc bordé de ruches et passé sur un corsage de soie jaune.

149 — Miniature ovale ; jeune femme nue, à longs cheveux blonds, portant un collier et un bracelet de perles. Cadre en bronze.

150 — Miniature ronde : portrait d'une créole coiffée d'un madras jaune, et en robe blanche.

151 — Miniature ovale : jeune femme de profil.

152 — Miniature rectangulaire, sur vélin : figure de saint personnage feuilletant un livre où on lit : *Amor Jesus*. Cadre en filigrane d'argent.

153 — Deux miniatures ovales Louis XVI, représentant des jeunes filles faisant une offrande à l'Amour. Cadres en acier.

154 — Miniature italienne : la maitresse du Titien, dans un cadre en bronze ciselé et doré.

155 — Autre miniature : femme couchée, d'après Titien. Cadre en bronze.

BIJOUX

156 — Carnet de bal en or ciselé et repercé à jour avec fond en poudre d'écaille rose. Il offre sur la face une très jolie miniature Louis XVI : portrait de jeune femme en robe blanche, avec fleurs et rubans dans la coiffure. En haut les initiales J. S.

157 — Étui Louis XVI, en or ciselé et guilloché, à cordons de feuillages et torsades.

158 — Bourse à mailles d'or, faite de petits anneaux rivés.

159 — Nécessaire en agate arborisée ; à monture en or et contenant ciseaux, couteau, passe-lacets, etc.

160 — Montre Louis XVI en or émaillé, fond lilas, avec encadrement d'une bande jaune entre deux filets blancs.

161 — Montre analogue en or émaillé, fond bleu, bordure d'émail semblable à celle de la précédente.

162 — Quatre agrafes en argent doré à rinceaux ajourés, enrichies d'ornements rapportés en émail.

163 — Nécessaire en cuivre gravé et doré, garni de flacons, ciseaux, couteaux, etc.

164 — Couteau à deux lames, l'une en vermeil, l'autre d'acier, avec manche de nacre décoré d'attributs champêtres exécutés en or et burgau.

165 — Étui Louis XVI à angles coupés en or ciselé, à fleurons inscrits dans un treillis d'émail bleu de ciel et cordons à festons de feuillages sur fond d'émail vert. Époque Louis XVI.

166 — Flacon en cristal de roche, avec bouchon en vermeil gravé, garni de turquoises.

167 — Étui cylindrique en vernis Martin, à sujet genre Boucher, en camaïeu jaune sur fond vert, cercle en or.

168 — Petite couronne pour statue de la Vierge, ornée de perles et pierres fausses.

169 — Encrier en argent ciselé et doré.

170 — Étui d'ivoire sculpté et complètement ajouré à médaillons, scènes enfantines et ornements rocaille. Époque Louis XV.

171 — Boîte cylindrique de décor analogue.

172 — Abaque ou appareil à calcul en bronze doré, enrichi de pierres de couleurs.

173 — Deux couteaux Louis XVI, à très beaux manches en nacre de perle et or ciselé, l'un à lame d'or, l'autre à lame d'acier.

174 — Médaille d'or, Napoléon et Joséphine. R. Aigle. Fleur de coin frappée pour les fêtes du couronnement données à l'Hôtel de ville, en l'an XIII.

175 — Huit monnaies d'or.

176 — Éventail chinois en filigrane d'argent émaillé.

177 — Trois petits éventails du Directoire.

178 — Deux paires de ciseaux en acier.

179 à 184 — Douze bagues avec pierres gravées en intaille, une autre avec monnaie d'or antique.

185 — Collier composé de scarabées, de talismans et de perles, en agate, terre émaillée, etc.

186 — Deux couteaux Louis XVI à manches de nacre gravée en torsade, garnis en or, l'un à lame d'or et l'autre à lame d'acier.

187 — Deux autres, même époque, à manches de nacre unie, l'un à lame d'or, l'autre à lame d'acier ; les pommeaux en coquilles.

188 — Deux couteaux Louis XVI, à manches de nacre unie, l'un à lame de vermeil, l'autre à lame d'acier.

189 — Deux autres couteaux de même époque.

190 — Couteau à manche de nacre et lame d'acier.

191 — Flacon à odeur en forme de feuille, porcelaine émaillée vert à rehauts d'or.

192 — Coupe et petite pelle en agate rouge.

193 — Hochet en corail avec poignée à bélière et grelots en vermeil.

194 — Trois plaquettes pour broches, en mosaïque de Rome : vues de monuments.

195 — Ambre. Encrier à deux godets posés sur deux tablettes portées par des petits balustres.

BOITES — TABATIÈRES

196 — Boîte ovale en cristal de roche avec très jolie monture en or ciselé, à festons de feuillages et cordons de perles, en émaux simulant des pierreries de couleur. Époque Louis XVI.

197 — Boîte oblongue en or émaillé bleu sur fond guilloché et constellé d'étoiles, avec encadrement de perles d'émail blanc et de cordons de feuillages ciselés en relief et émaillés vert ; le couvercle est en outre enrichi de roses. Époque Louis XVI.

198 — Jolie boite ronde en or émaillé vert sur fond strié et semé de pois avec bordure, à filets d'émail blanc et cordon de feuil-

lages en or ciselé en relief, à gouttes d'émail blanc et d'émaux verts sertis. Époque Louis XVI.

199 — Boite faite d'une chèvre couchée, en prime d'améthyste sculptée, portant sur le front un brillant taillé en poire, les yeux et les cornes enrichis de brillants. Monture en or, avec fermoir composé d'un rubis entouré de brillants.

200 — Tabatière rectangulaire en or, entièrement pavée de turquoises, avec encadrements de rinceaux en or ciselé ; fermoir enrichi de roses.

201 — Deux boites cylindriques, en argent ciselé et doré, pourtour à tresse semé de perles et moulures de feuilles d'eau, couvercle offrant un blason gravé au milieu d'une couronne de chêne, ciselée en relief. Travail anglais.

202 — Tabatière en argent ciselé et doré, et d'ornementation analogue.

203 — Boite ovale en argent, décorée au pourtour d'une ronde de danseurs flamands, et au couvercle d'un nègre fumant la pipe. Intérieur en doublé.

204 — Tabatière argent doré, à dessus de nacre peinte, représentant une scène de pêche.

205 — Boite ronde, d'écaille brune, incrustée d'or et de burgau, à décor simulant un semis de perles.

206 — Boite ronde, poudre d'écaille, fond vert incrusté de filets

d'or alternativement droits et ondulés, de deux en deux. Cercle d'or ; intérieur en écaille.

207 — Boite d'ambre, taillée en cuvette, avec monture à charnière en or.

208 — Boite à cure-dents, en or gravé, ornée sur le couvercle d'un écusson portant un oiseau en émail. Époque Louis XVI.

ORFÈVRERIE

209 — Lustre à six lumières, en forme de vase à plusieurs renflements, en argent, à décor de feuillages ajourés et de têtes de chérubins ; une boule est appendue au culot. XVIIe siècle.

210 — Calice en argent, monté sur pied lobé, à décor de fleurs et de branchages, et garni de six petits émaux peints, représentant des scènes de la Passion. XVIIe siècle.

211 — Plateau ovale porte-burettes, en argent repoussé à rinceaux et à têtes de chérubins, et décoré au marli de médaillons portant des emblèmes religieux et alternant avec quatre émaux peints, représentant les quatre Évangélistes. Ce plateau est accompagné de ses deux burettes, en argent repoussé à godrons et ornées d'une frise de rinceaux feuillagés.

212 — Aiguière et son bassin oblong en argent, gravé, ciselé et doré, de l'époque Louis XVI. L'aiguière, de forme ovoïde et à anse contournée à feuille d'acanthe, est montée sur un pied circulaire auquel elle se réunit par une bande de feuillages. Au col sont gravés des guirlandes de fleurs et un médaillon sus-

pendu à un nœud. Le couvercle est surmonté d'une fleurette en relief et bordé, ainsi que le pied, d'un cordon de perles. Le bassin, trilobé aux extrémités, est aussi bordé de perles et décoré de guirlandes de roses, gravées et repoussées en relief.

Hauteur de l'aiguière, 27 cent.; longueur du bassin, 37 cent.

213 — Chaufferette Louis XV, en argent repoussé et ciselé, de forme ovale, à contours, décorée de médaillons à portraits, d'ornements rocailles et de cordons de perles. Elle est montée sur quatre petits pieds et les attaches de l'anse sont figurées par deux têtes de faunes.

214 — Grande corbeille à anse contournée, en argent fondu, ciselé et découpé à jour, ornée de fleurs, de feuillages, de quadrillés et d'un rang de perles rayonnant autour d'un blason, portant les armes d'Angleterre gravées.

215 — Très belle petite soupière ovale à deux anses rocaille détachées, à couvercle surmonté d'un groupe d'artichauts, en argent repoussé, ciselé et doré, du plus délicat travail et du meilleur goût d'ornementation. Elle est montée sur quatre petits pieds volutes se rattachant au culot par des feuillages en relief et couverte de godrons en relief sur fond piqueté, de guirlandes de feuilles de chêne et de bordures rocailles. Au pourtour du couvercle sont espacés quatre motifs : groupes de coquillages. Cette pièce est accompagnée de son plateau, à bords contournés, décoré sur le marli de groupes de coquillages en relief.

Soupière. Haut., 19 cent.; long., 26 cent.
Plateau. Long., 31 cent.

216 — Joli coffret rectangulaire, en argent fondu, ciselé et doré,

au chiffre de la reine Caroline d'Angleterre et couvert de fleurs en relief, de feuilles d'acanthe et d'ornements rocailles. Il est accompagné de son plateau rectangulaire et à deux anses de décor analogue. Orfèvrerie anglaise.

217 — Soupière en argent repoussé, à anse surélevée et à couvercle, surmontée d'une anse à tige de laurier; elle est de forme cylindrique, montée sur quatre pieds de biche et couverte de guirlandes, de coquilles, de rocailles et de cartels représentant des jeux d'enfants. Travail français de l'époque Louis XV.

218 — Magnifique service à thé, d'orfèvrerie anglaise, en vermeil, de style rocaille, à ornements gravés et en relief, chiffré aux armes de lord Pembroke, se composant de : un très grand plateau ovale et à deux anses, une bouilloire et son réchaud, une théière et son réchaud, une chocolatière, un sucrier sans couvercle, une grille à pain, deux pots à lait, une salière couverte à anses, un beurrier, une soucoupe montée sur pied et une pince à sucre.

219 — Deux plats longs, sept autres ronds et quatre petits plats creux, à bords contournés, profil Louis XV, et décorés de godrons; le marli porte les armes de la famille Pembroke. Orfèvrerie anglaise.

220 — Six plats ronds, à bords contournés, en vermeil, à marli chargé de rinceaux, de feuillages, de fleurons inscrits dans un treillis et de deux cartels au chiffre MP couronné (Montgomery-Pembroke). Orfèvrerie anglaise; beau travail de style Louis XV.

221 — Six petites cuillers forme coquille et une petite cuiller à sucre en poudre, les manches à entrelacs et fleurons, aux initiales de lord Pembroke MP.

222 — Plat à marrons, composé d'un plateau à bord contourné et feuillages, sur lequel sont posées deux serviettes pliées et décorées de fleurs et d'arabesques, la seconde se relevant au moyen d'une charnière. Le tout en argent finement gravé de chez Mayer.

223 — Écuelle couverte à deux anses détachées, et son plateau à bord contourné, en argent ciselé et gravé, dans le style Louis XV.

224 — Porte-réchauds à quatre compartiments couverts, à boutons d'ivoire et décorés d'un cordon de perles.

225 — Un autre à deux compartiments.

226 — Coupe à pied en argent repoussé, à fleurs, feuillages et rocailles, et doré à l'intérieur.

227 — Deux petits flambeaux en vermeil, de style Louis XVI, à cannelures et guirlandes.

228 — Vide-poche à deux compartiments, en argent fondu, ciselé et gravé, à ornements rocailles. L'intérieur est doré. Ancienne orfèvrerie anglaise.

229 — Corbeille ovale à deux anses et à bords contournés, en argent, à rinceaux découpés à jour, coquilles et ornements rocaille.

230 — Plateau rond à bord ajouré, à rinceaux et oiseaux et fond gravé, monté sur trois pieds. Argent anglais.

231 — Légumier octogone à deux anses et à couvercle surmonté d'un anneau en argent ciselé, de travail anglais.

232 — Sucrier, forme calice, à pied et couvercle en argent ajouré, à rinceaux et rocailles.

233 — Service à thé en vermeil, guilloché, côtelé, composé de : un plateau ovale, une théière et son réchaud, une cafetière, un pot à lait, un sucrier, deux tasses, deux soucoupes, deux cuillers et une pince à sucre.

234 — Sucrière, forme vase, sur pied godronné, panse sphérique, à ornements gravés et armoiries et couvercle ajouré en dôme : beau modèle Louis XIV.

235 — Deux coquetiers en vermeil, côtelés en spirale et à guirlandes.

236 — Seau hémisphérique lobé et à anse surélevée, décoré de feuillages et d'enroulements ; vermeil.

237 — Légumier argent à deux compartiments, surmonté d'une anse rocaille et à bord contourné et ciselé à godrons.

238 — Bouilloire sphérique en argent gravé, à anse de bois et montée sur trépied à réchaud entouré d'un lambrequin découpé à jour.

239 — Bouilloire à cannelures en spirale et guirlandes de fleurs

en relief, garnie d'une anse surélevée et montée sur un trépied à réchaud, décoré de retombées de fleurs. Orfèvrerie anglaise.

240 — Belle cafetière anglaise en argent repoussé et ciselé, à riche décor consistant en personnages chinois, kiosques, chimères et ornements de style Louis XV; anse d'ivoire.

241 — Ménagère en argent à cinq places, garnie de trois flacons d'argent, à ornements rocaille, et de deux burettes de cristal à anses et bec d'argent.

242 — Coupe en argent repoussé, à fleurs et rocaille, dorée à l'intérieur et montée sur trois petits pieds.

243 — Petite cafetière, forme turque, avec support à réchaud.

244 — Pot à crème, en forme d'aiguière de forme ovoïde, côtelée et à anse double, faite d'un cordage tressé.

245 — Deux moutardiers Louis XVI à couvercle; urnes à deux anses, reliées par une guirlande de feuilles de laurier retombant sur la panse.

246 — Deux légumiers, forme Louis XV, à deux anses rocaille, couvercles bordés de godrons et surmontés d'un fruit.

247 — Deux ménagères à tige verticale, surmontée d'une anse contournée et galerie circulaire découpée à jour, et montées sur trois pieds. Orfèvrerie anglaise. (Chiffrée LB.)

248 — Deux salières doubles, couvertes et à pieds de biche, avec anse simulant un ruban plissé. Modèle Louis XVI.

249 — Deux salières rondes à bords dentelés et montées sur trois pieds à coquilles. Orfèvrerie anglaise.

250 — Quatre salières, forme coquille, sur pieds à dauphins.

251 — Moutardier en argent fondu, pied orné de cannelures en creux, corps ovoïde entouré de guirlandes, et couvercle à bouton formé d'une tête de lion.

252 — Petit coffret, forme malle, à dessus bombé, en argent doré.

253 — Coupe circulaire en agate grise mamelonnée, avec jolie monture; pied, anse et goulot à tête chimérique, en argent ajouré et émaillé, à fleurons inscrits dans un treillis et cordons ciselés.

Diam., 13 cent. 1/2.

254 — Cuiller à glace en vermeil, à ornements en relief et armoiries et une cuiller à sauce, chiffrée ZSB.

255 — Légumier à deux compartiments. Argent uni anglais.

256 — Saucière à deux compartiments et à deux anses, formées de branches tordues, adhérentes à un plateau ovale, bordé de godrons.

257 — Plateau losangé, bordé de moulures unies et portant au fond un écusson chiffré P.

258 — Plateau carré, côtelé aux angles.

259 — Service à poisson, couteau, truelle et fourche, argent gravé et ajouré.

260 — Cinq pièces en vermeil, à ornements en relief, entrelacs et fleurons et écusson armorié : deux cuillers à sucre, un couteau à beurre, une pelle et une truelle.

261 — Boîte ovale, en argent repoussé et gravé, à deux anses, mascarons et volutes, couvercle à rinceaux découpés à jour, et quatre pieds-consoles ; le tout d'une riche ornementation. XVIIIe siècle.

262 — Poêlon couvert, argent.

263 — Chocolatière argent.

264 — Deux poivrières cylindriques à couvercles, en argent gravé et découpé à jour. Orfèvrerie anglaise.

265 — Gobelet à pied et à couvercle, bordés d'un rang de godrons. Il est décoré de bandes verticales à entrelacs se détachant sur un fond piqueté. Époque Louis XIV.

266 — Gobelet en argent repoussé, à ornements rocaille.

267 — Deux petits trépieds avec lampes à esprit-de-vin.

268 — Service anglais, cafetière, théière, sucrier et deux pots à crème. Chiffrés SB.

269 — Plateau long, rectangulaire, bord à filets et feuillages.

270 — Deux flambeaux en argent repoussé et doré et à décor de fleurs et de feuillages.

271 — Poêlon en argent doré et à manche d'ivoire.

272 — Paire de flambeaux à deux lumières chaque, portées par des enfants guerriers, vêtus à l'antique et casqués, un pied posé sur une base circulaire à moulures de feuilles d'eau. Bronze ciselé et doré.

273 — Deux sucriers ovales à couvercles, décorés de godrons et de rocailles et montés sur quatre petits pieds contournés.

274 — Quatre carafes ovoïdes, verre gravé, avec cols, couvercles et anses en argent ciselé et découpé à jour.

275 — Vingt-deux étiquettes à vin avec chainettes, argent.

276 — Mouchettes et plateau ovale en argent, décorés de serpents enroulés et montés sur pieds à griffes de lion.

277 — Petites mouchettes et plateau d'argent gravé.

278 — Deux tabatières d'argent, dont une à figure de cavalier et ornements niellés sur amati doré. Travail russe.

279 — Sept cuillers coquilles, à manches rocaille et feuillages.

280 — Brosse à miettes, à manche d'argent gravé avec cartel armorié.

281 — Quatre coquilles à fruits glacés, en vermeil, montées sur

trois pieds et garnies d'une anse recourbée. Orfèvrerie française.

282 — Râpe à fromage en ivoire, à lame argent, et un trident à pickles.

283 — Goûte-fromage en argent ciselé et gravé, à armoiries. Ancienne orfèvrerie anglaise.

284 — Soulier d'argent à fleurs ciselées en relief et garni d'une rosace pavée de turquoises.

285 — Grille à pain.

286 — Passoire à oranges, à deux anses plates.

287 — Deux seaux à glace de forme cylindrique et à anse double, en cuivre argenté et montés sur pieds à dauphin. Le pourtour offre des bandes d'ornements et une frise de figures mythologiques.

288 — Deux seaux à glace à piédouches et à anses rocailles, à côtes de style Louis XV, en cuivre argenté.

289 — Un réchaud et trois cloches, une ovale et deux rondes, de chez Christofle.

290 — Plateau lobé, porte-coupes à anse droite, supporté par des figurines de femmes et à galerie composée de guirlandes et de médaillons de style Louis XVI, cuivre argenté. Travail anglais.

PORCELAINES DE SÈVRES

291 — Deux figurines en biscuit de Sèvres, pâte tendre, connues sous le titre de : *garde à vous;* elles reposent sur des socles à gorge et à pieds en ressaut en pâte tendre, gros bleu caillouté d'or avec des réserves de guirlandes de fleurs.

Hauteur, socle compris, 32 cent.

292 — Jolie théière d'ancienne porcelaine de Sèvres, pâte tendre, fond vert, décorée de deux médaillons représentant des jeunes filles dans la campagne, encadrés de filets, de rinceaux et de festons en dorure.

293 — Deux sucriers cylindriques à couvercles en ancienne porcelaine de Sèvres, pâte dure, décorés de trophées d'instruments de musique et d'attributs pastoraux encadrés de guirlandes de fleurs. Bordure à filets et ornements dorés.

294 — Plateau triangulaire à angles coupés en porcelaine de Sèvres, pâte tendre, à marli oblique, fond rose, décoré de trois réserves représentant des oiseaux. Encadrements et hachures d'or.

295 — Deux plaques circulaires en porcelaine de Sèvres, pâte tendre, représentant Flore et Zéphyre, et la Leçon de flûte. Cadre en bronze ciselé et doré de style Louis XVI.

296 — Petit vase de forme ovoïde, porcelaine de Sèvres, pâte tendre, à décor de fleurs et bordure fond rose à rehauts d'or; monture en bronze doré à figurines de satyres figurant les anses.

Haut., 22 cent.

297 — Petite tasse droite et sa soucoupe en porcelaine de Sèvres, pâte tendre, décorée de médaillons d'oiseaux en réserve sur fond couvert d'imbrications bleu et or.

298 — Plateau carré à bords lobés et relevés, en porcelaine, pâte tendre, décoré d'un groupe d'amours, pourtour gros bleu, avec encadrements, dents de loup et guirlandes en dorure.

299 — Cabaret solitaire en porcelaine, pâte tendre genre Sèvres, fond bleu de roi à réserves encadrées de festons en dorure, et contenant les portraits de Marie-Antoinette, Mme de Lamballe, Mme de Pompadour, Mme de Maintenon, Mme Élisabeth, des chiffres à leurs initiales et des bouquets. Il se compose de : un plateau triangulaire, une théière, un pot à crème, un sucrier, une tasse et une soucoupe.

300 — Service en porcelaine de Sèvres, du temps de Louis-Philippe, et provenant du château de Fontainebleau, décoré en couleur et en dorure. Il se compose de : deux théières, deux saucières, deux pots à bouillon en deux dimensions, deux pots à lait et deux écuelles avec couvercles et plateaux.

301 — Service en porcelaine de Sèvres, au chiffre de Louis-Philippe, décoré de médaillons à figures d'amours et fleurs et d'ornements en dorure, sur fond bleu turquoise. Il se compose de : une soupière et un plat rond, deux chocolatières, une corbeille, un compotier à pied, deux saucières, vingt-six assiettes.

302 — Service en porcelaine de Sèvres, fond bleu gris à filets et ornements dorés, composé de cent dix pièces : sucriers, chocolatières, théières, pots à crème, tasses, soucoupes et assiettes.

303 — Pot à crème en porcelaine tendre de Mennecy-Villeroy, décoré de bouquets en bleu.

PORCELAINES DE CHINE

304 — Deux grandes girandoles, composées de potiches en ancienne porcelaine de Chine, fond bleu de roi à rehauts d'or, supportant des bouquets à sept lumières à gaz en bronze et montées sur trépieds de style Louis XVI, en bronze à tablette circulaire de marbre griotte.

Haut., 2 m. 10 cent.

305 — Deux beaux vases en céladon vert d'eau, décorés de fleurs d'aubépine en bleu et blanc, et garnis d'une très belle monture en bronze ciselé et doré, formant aiguière à anse surmontée d'un dragon.

Deux lampes Carcel de Gagneau s'adaptent à ces vases qui proviennent de la vente du maréchal Sébastiani.

306 — Pot à anse et à couvercle en ancienne porcelaine de Chine, à décor de fleurs en rouge et or.

307 — Saucière en Chine, famille verte, à bordure dessin mosaïque.

308 — Bol en porcelaine de Chine, décoré en bleu de personnages et d'ornements.

309 — Deux vases hexagones à parois ajourées, en porcelaine du Japon.

310 — Sucrier couvert en ancienne porcelaine de la Chine, décor bleu à rinceaux, festons et palmes.

311 — Deux plats ronds en porcelaine du Japon moderne, à fleurs et ornements.

312 — Deux plats creux en grès du Japon moderne, émaillés à fleurs et feuillages sur fond jaune.

313 à 316 — Vingt pièces : assiettes, compotiers en porcelaine de Chine et du Japon, variées de décor.

317 — Deux vases, forme balustre, à couvercles, en Japon, décor bleu représentant des guerriers combattant.

318 — Six petites pièces d'ancienne porcelaine de Chine, à décor bleu.

319 — Trois pièces en ancien blanc de Chine, variées de forme.

PORCELAINES DE SAXE ET D'ALLEMAGNE

320 — Petite soupière ovale en porcelaine de Saxe, peinte et dorée, à couvercle surmonté d'une couronne et orné de figurines d'enfants et d'écussons armoriés. Les anses sont formées de bustes de femmes, et les parois réticulées sont décorées de guirlandes en relief, de figurines d'enfants et de cartels peints représentant des vues de villes. Reproduction de la célèbre soupière du roi Stanislas.

321 — Deux soupières en ancienne porcelaine d'Allemagne, décorées de fleurs, d'insectes et de papillons et à couvercles ornés de fruits.

322 — Deux figurines en porcelaine de Saxe moderne.

323 — Deux sucriers en porcelaine de Saxe, à décor d'oiseaux.

324 — Petite coupe en ancienne porcelaine de Saxe, à bords gaufrés et décor à fleurs.

PORCELAINES ANGLAISES ET AUTRES

325 — Deux saucières avec plateaux, porcelaine anglaise, décor dans le goût japonais.

326 — Service à thé en porcelaine anglaise, ornée de branchages en bleu et de filets dorés, plateau à bords festonnés, tasses, soucoupes, écuelle, pot à crème. Ce service se place sur une table anglaise à plateau tournant, sur trois pieds à entrejambes.

327 — Service en porcelaine anglaise, décoré de fleurs dans le goût chinois, assiettes, plateaux, sucriers, tasses et soucoupes.

328 — Deux bouts de table en porcelaine de Minton, consistant en petits chariots formant jardinières enguirlandées, tirés et poussés par des figurines d'enfants en biscuit : le chariot et le socle décorés en bleu turquoise et dorure.

329 — Jardinière, forme corbeille, entourée de tiges de roses ; porcelaine anglaise.

330 — Quatre pièces, tasses et sucriers sur plateaux ovales, porcelaine décorée de Paris et porcelaine anglaise.

331 — Pot à crème et plateau ovale en porcelaine, pâte tendre, fond bleu turquoise, avec réserves d'amours et de fleurs, encadrés de hachures et de guirlandes dorées.

332 — Pot à crème et plateau ovale en porcelaine à la Reine, décorés d'un semis d'étoiles bleues et de pois dorés et de bordures à festons de bluets.

333 — Service en porcelaine à bords festonnés et décoré d'une grecque; six légumiers, deux saladiers, trente-six assiettes creuses et cent soixante-douze assiettes plates.

334 — Quarante-cinq assiettes et six plateaux, en porcelaine anglaise à fleurs.

335 — Peinture sur porcelaine : la Bouquetière, d'après Murillo.

Haut., 48 cent.; larg., 40 cent.

336 — Deux seaux en porcelaine de Paris, à décor de fleurs et de quadrillés.

337 — Deux autres décorés de fleurs peintes et de guirlandes en relief.

338 — Vase en porcelaine décorée d'arbres, de fleurs et d'oiseaux en émaux de couleur dans le goût chinois.

339 — Pot à eau et cuvette forme coquille en porcelaine de Paris, à sujet Watteau et filets dorés. (De la fabrique de la Courtille.)

340 — Bougeoir en porcelaine turquoise. Enfant jongleur.

SCULPTURES

341 — Marbre blanc. Charmante statuette de Cupidon, planant dans les nues et tenant son flambeau ce flambeau est en bronze doré ; très remarquable sculpture du XVIIIe siècle. Le nuage s'appuie sur un socle à trois faces légèrement concaves, en albâtre oriental, à base et corniche de rouge antique. Ce socle est garni de cuivres ciselés et dorés : en haut, de deux têtes de béliers, réunies par une guirlande de fruits : en bas, de deux aigles et d'une moulure ajourée à palmettes. Plinthe en bronze doré à perles.

Hauteur totale, 74 cent.

342 — Marbre blanc. Buste, grandeur nature, présumé celui de Mme Dubarry, les cheveux relevés sur le front, piqués de roses, ondulés et retombant en tresses derrière la nuque, le cou nu, vêtue d'une robe bordée de dentelle et recouverte, aux épaules, d'un manteau drapé à l'antique. Signé ainsi : Par J. B. Lemoyne, 1771.

Hauteur, piédouche compris, 68 cent.

343 — Marbre blanc. Buste, grandeur nature, de Minerve, casquée, les cheveux ondulés et noués derrière le cou, vêtue d'une tunique et portant sur la poitrine un mascaron, tête de Gorgone.

Hauteur, piédouche compris, 68 cent.

344 — Marbre blanc. Deux statuettes de divinités assises : Apollon jouant de la lyre et Vénus caressée par Cupidon. Ces deux figures, en regard, sont placées sur des socles rectangulaires

en marbre blanc, garnis d'appliques et montés sur pieds en bronze ciselé et doré. Époque Louis XVI.

Haut., 34 cent.; larg., 25 cent.

345 — Très belle cheminée en marbre blanc et en bronze de style Louis XVI. Deux cariatides de femmes satyres, en bronze à patine verte avec accessoires et draperies dorés, sont adossées contre les montants et supportent une sorte de chapiteau arrondi en demi-lune, et en ressaut sur la cheminée. Le bandeau à gorge est décoré de deux thyrses noués par un ruban et enlacés d'un feston de pampres en bronze, finement ciselé et doré mat. Le bord de la tablette, les côtés, l'ouverture de la cheminée sont ornés de moulures rapportées, à oves et feuilles d'eau en bronze ciselé et doré. Cette cheminée est très remarquable par l'exécution des bronzes et son bel effet décoratif.

Haut., 1 m. 3 cent.; long., 1 m. 50 cent.

346 — Deux bustes, grandeur nature : Nègre et Négresse, le visage en marbre noir, la coiffure et les vêtements en marbres variés de couleurs.

347 — Statuette de moine debout, la tête enfoncée sous le capuchon, les mains croisées sur la poitrine et cachées dans les manches de la robe. En bois sculpté et peint au naturel. Belle reproduction de la célèbre sculpture d'Alonzo Cano.

348 — Marbre blanc. La Modestie : buste de jeune fille, les yeux baissés, la tête recouverte d'une draperie nouée sur la poitrine. Grandeur nature.

349 — Buste de jeune fille. Marbre blanc.

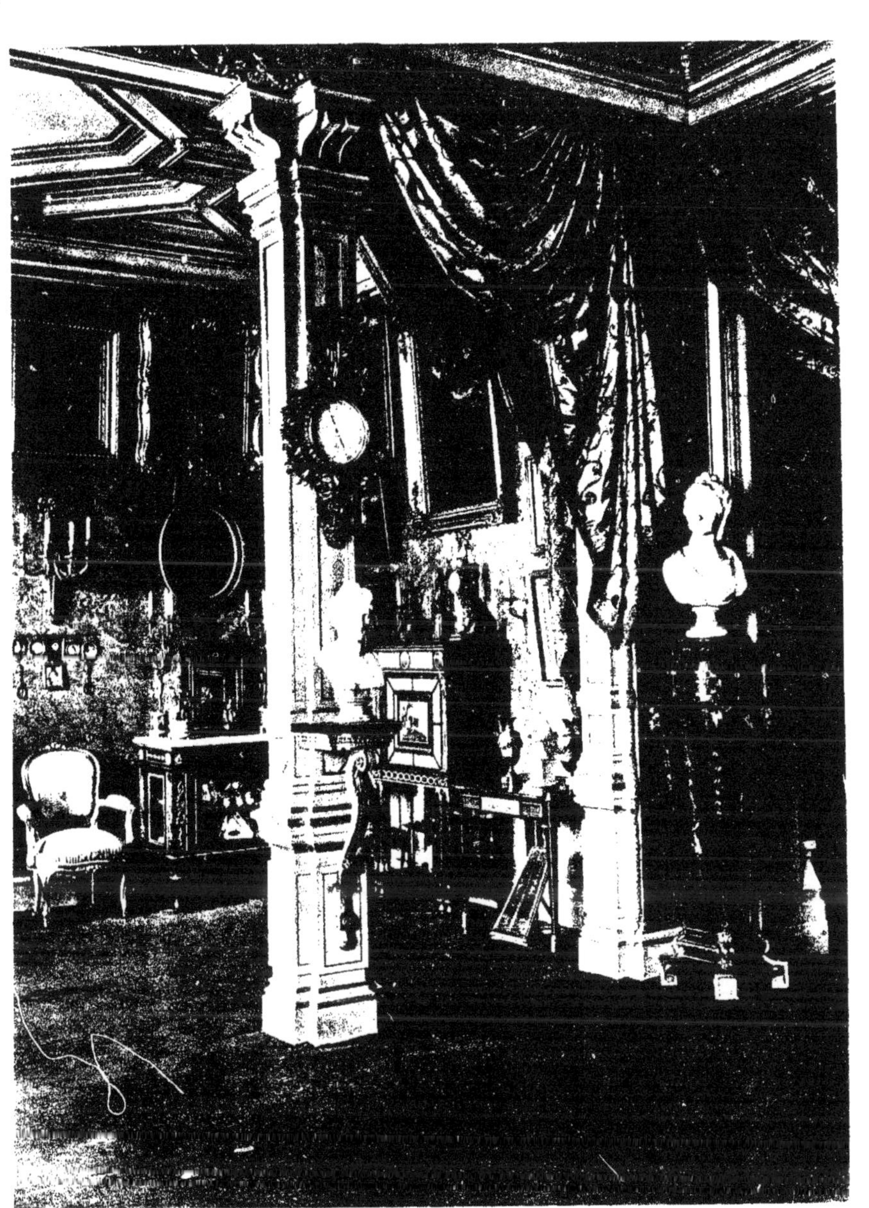

350 — Marbre blanc. Deux bustes de femmes romaines.

351 — Coupe ronde en onyx d'Algérie, supportée par un fût de colonne en marbre jaune.

352 — Deux chiens-loups en serpentine verte, travail italien.

353 — Bénitier Louis XV en ivoire, sculpté et ajouré, à médaillon principal représentant la Madeleine.

354 — Statuette de saint Joseph en ivoire sculpté.

355 — Buste en terre cuite, grandeur nature, portrait d'homme, présumé *Camille Desmoulins*.

356 — Buste, grandeur nature, d'une jeune femme en robe décolletée, style Louis XV, plâtre couleur bronze.

357 — Deux médaillons circulaires en bois sculpté : bustes du Christ et de la Vierge, sur fond doré.

358 — Deux dessus de porte, bas-reliefs en plâtre doré, scènes enfantines : la Main chaude et la Balançoire.

PENDULES ET CARTELS

359 — Très belle pendule en bronze de l'époque Louis XVI, composée de trois statuettes de femmes nues en bronze à patine verte, le corps portant sur la jambe droite, la tête rejetée en arrière, les bras surélevés et tendus, soutenant une sphère en cuivre bleui, coupée en deux par le cercle horizontal d'un cadran tournant, décorée de fleurons et surmontée d'une figurine

de Cupidon tenant une flèche, en bronze ciselé et doré. Les statuettes de femmes sont reliées par une guirlande de roses, qu'elles tiennent des deux mains et qui retombent derrière leur dos. Elles reposent sur un socle triangulaire à côtés cintrés et rentrants en marbre blanc, enrichi d'un cordon de perles, de rinceaux et de fleurons découpés en bronze ciselé et doré. Ces socles sont montés sur trois pieds obconiques.

Haut., 73 cent.

360 — Très jolie pendule en bronze ciselé et doré de l'époque Louis XVI, surmontée d'un groupe de trois figurines représentant une jeune fille lutinée par deux petits Cupidons. Le socle de la pendule, de forme cylindrique, est en marbre blanc et flanqué de quatre consoles renversées et traversées par des branches de lierre en bronze ciselé et doré. Entre les consoles sont quatre médaillons ovales, aussi en bronze doré, décorés des attributs de l'Amour et suspendus à des patères agrémentées de ruban.

Charmant modèle.

Haut., 41 cent.

361 — Grande pendule du temps de Louis XVI, en bronze ciselé et doré, de forme carrée, flanquée de consoles feuillagées, reposant sur une plinthe à rinceaux et attributs des sciences et couronnée de trois vases séparés par deux rinceaux enguirlandés.

La pendule est placée sur un très beau socle à musique de même époque, tout en bronze ciselé et doré, cantonné aux angles de pilastres à guirlandes de roses et orné sur la face d'un groupe d'instruments de musique mêlés à des branches d'oliviers et palmes. La musique joue des airs du *Devin de village*, etc.

Hauteur totale, 74 cent.

362 — Beau cartel en bronze ciselé et doré de l'époque Louis XV, composé de larges enroulements, de rocailles et de branchages. Sous le cadran, un amour, en ronde bosse, joue avec une colombe. Au-dessus est une figurine de jeune fille à demi couchée et tenant une torche enflammée. Derriere elle, et comme couronnement au cartel, le coq gaulois est perché sur une sorte de corniche.

Cadran au nom de *Ferdinand Berthoud, à Paris.*

Haut., 90 cent.

363 — Charmant petit cartel de l'époque Louis XVI, en bronze ciselé et doré mat; le cadran, au nom de *Robin, horloger du roi*, est encadré de deux cornes d'abondance, surmonté d'un trophée d'instruments de musique et suspendu au moyen d'un ruban, noué en rosette à une patère. Sous la lunette est un mascaron tête de satyre surmontant une couronne de pampre.

Haut., 56 cent.; larg., 26 cent.

364 — Grande et belle pendule du temps de Louis XVI, en bronze ciselé et doré: modèle à consoles symétriques avec cassolette à la partie supérieure. Socle en marbre blanc.

Haut., 63 cent.; larg., 52 cent.

365 — Très jolie pendule, forme vase à cadran tournant, en bronze ciselé et doré et en porcelaine pâte tendre, fond rose et fond vert, décoré de deux médaillons, l'un représentant une scène pastorale dans le goût de Boucher, l'autre contenant un bouquet avec encadrements de filets et rinceaux dorés. La monture consiste en deux anses à angles droits, reposant sur des têtes de béliers et s'accotant au couvercle que surmonte une figurine d'amour assis sur une nuée et tenant la flèche qui

marque les heures sur le cadran. Le pied du vase aussi en bronze repose sur un socle garni sur trois faces de plaquettes de même porcelaine à décor de fruits et de fleurs, et offrant sur la quatrième face un cartel d'émail où se lit : *Janvier* AUX MENUS PLAISIRS DU ROY.

Haut., 39 cent.

366 — Petite pendule de voyage en bronze doré, du temps de Louis XVI, modèle à cage. Sous le cadran, encadré d'un cordon de perles, est un cartel à fond d'émail blanc décoré de rinceaux et d'ornements d'or, et de guirlandes en perles d'émail de couleur ; il porte le nom de *Robin, horloger du roi.*

Haut., 21 cent.

367 — Grande pendule en bronze doré et marbre griotte, avec figures de Psyché et de l'Amour, en bronze vert.

Haut., 91 cent.

368 — Pendule de voyage de Leroy.

369 — Pendule en marbre griotte avec ornements en bronze doré et statuette de Polymnie, en bronze vert.

BRONZES D'ART

370 — Deux groupes en bronze de l'époque Louis XVI, composés chacun de deux figurines d'amours. Dans l'un, ils luttent pour la possession d'un cœur ; dans l'autre, ils se disputent des roses. Ces groupes sont placés sur des socles ronds en marbre bleu turquin décorés d'appliques, en bronze ciselé et doré, festons de roses et de lierre et cordons de perles.

Hauteur totale, 30 cent.

371 — Bronze ciselé et doré. Statuette de Bacchante courant, la gorge et les bras nus, agitant de la main droite des crotales et tenant sur l'épaule gauche un thyrse chargé de grappes de raisin. Un tambour de basque et des grappes de raisin sont déposés sur le sol jonché de fleurs. Gracieuse figure dans le goût de Clodion. Socle rectangulaire en marbre vert antique, avec embase en bronze doré.

Hauteur totale, 56 cent.

372 — Deux très jolies statuettes en bronze, de l'époque Louis XVI : jeunes filles debout, les mains croisées sur la poitrine et drapées dans un ample manteau passé sur la tête : elles reposent sur des socles cylindriques en vert antique à moulure de bronze doré.

Hauteur des statuettes, 28 cent.
Hauteur des socles, 15 cent.

373 — Médaillon ovale, bas-relief en bronze, portrait de Louis XV de profil, sur fond en marbre turquin, avec cadre doré à festons de branches de chêne.

374 — Figurine d'enfant satyre en bronze, très finement ciselée et à patine claire. La tête est ceinte d'une couronne de pampre dorée, et la figurine repose sur un fût de colonne cannelé à tore de lauriers et plinthe en bronze ciselé et doré.

Haut., 25 cent.

375 — Figurine de baigneuse assise, en bronze, du XVIIe siècle, placée sur une plaque de marbre et formant presse-papier.

376 — Statuette en bronze doré, rouge antique et malachite, réduction du Saint Pierre de Rome.

BRONZES D'AMEUBLEMENT

377 — Deux très belles cassolettes en bronze, de l'époque Louis XVI, formées de vases en cuivre bleui à gorge en bronze ajouré et couvercle surmonté d'un groupe de fleurs et de fruits en bronze ciselé et doré ; ces vases sont supportés par trois cariatides de femmes adossées, drapées à l'antique (en bronze à patine verte), se terminant en pieds de biche ; les bras au long du corps et tenant des deux mains une belle guirlande de fleurs et de fruits en bronze ciselé et doré, fixée à trois fleurons au culot du vase. Les trois cariatides, accotées contre une bague à feuille de laurier, reposent sur des socles triangulaires de marbre blanc à côtés cintrés et rentrants décorés d'ornements d'applique en bronze doré et montés sur trois petits pieds balustres godronnés.

Haut., 62 cent.

378 — Deux beaux chenets en bronze, ciselé et doré, du temps de Louis XVI. Socle oblong, découpé en manière de lambrequin, décoré d'une gerbe de feuillages ressortant sur fond noirci, et surmonté de deux colombes qui se becquètent sur une nuée où l'on voit le carquois et le flambeau de l'Amour.

Haut., 27 cent.; larg., 25 cent.

379 — Deux très beaux candélabres en bronze ciselé et doré, de l'époque Louis XVI, composés de statuettes de nymphes, les pieds sur une urne, tenant des deux mains, dans une attitude pleine de grâce, un vase émaillé bleu, d'où s'échappent un thyrse et les trois branches porte-lumières, à feuillages, rinceaux, fruits et cordons de perles. Ces statuettes reposent sur

des socles cylindriques décorés de jolies guirlandes se détachant sur un fond d'émail bleu de roi. Pièces des plus remarquables.

Haut., 72 cent.

380 — Deux très beaux candélabres en bronze, de style Louis XVI, composés de deux chimères en regard, statuettes de femmes ailées en bronze patiné, se terminant en volutes végétales et soutenant des thyrses entourés de trois branches porte-lumières à feuillages et enroulements en bronze ciselé et doré. Les chimères sont placées sur des socles oblongs à feuilles d'eau et perles ciselées en bronze doré et à pourtour d'émail bleu de roi, socles décorés sur la face principale d'un médaillon en biscuit de Sèvres à figures mythologiques en pâte blanche sur fond bleu ; ils sont montés sur quatre petits balustres. Pièces très remarquables pour la perfection du travail de ciselure.

Haut., 50 cent.

381 — Deux chenets du temps de Louis XVI, en bronze ciselé et doré, beau modèle à vase ovoïde à flamme et à anses, têtes de femmes reliées par des guirlandes de laurier ; ce vase repose sur un piédestal carré, décoré de mascarons et de fleurons. La galerie, légèrement cintrée, rejoint un pied composé de trois consoles accotées et surmontées d'une pomme de pin.

382 — Deux chenets du temps de Louis XVI, en bronze ciselé et doré à figures mythologiques : Apollon jouant de la lyre, Vénus et l'Amour.

Haut., 35 cent.; long., 20 cent.

383 — Très grand lustre à trente bougies et trois lampes à gaz, en bronze doré, de style Louis XVI, de chez Gagneau.

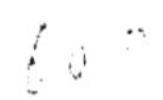

384 — Guéridon rond en bronze doré de style antique; les pieds contournés, à têtes de chimères et griffes, sont reliés par des traverses en X et reposent sur un socle triangulaire. Tablette composée d'une grande plaque circulaire de granit gris, entourée d'une rangée de marbres rares.

Diam., 98 cent.

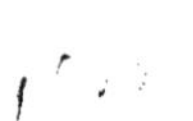

385 — Deux chenets en bronze ciselé et doré, formés d'aigles affrontés, perchés sur des motifs de rocaille, à fleurs et feuillages.

Époque Louis XV.

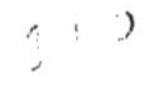

386 — Beau lustre en bronze ciselé et doré, de style Louis XVI, à six lumières formées de feuillages, d'enroulements et de fleurons, et à tige ornée de trois figurines d'enfants, jouant de la flûte à bec, les jambes se terminant en rinceaux feuillagés, et adossés contre le flambeau de l'Amour.

387 — Deux candélabres à quatre lumières de style rocaille, supportés par des groupes de figures allégoriques; la Terre et l'Eau, reposant sur pieds contournés et décorés de trois coquilles.

388 — Deux flambeaux d'un décor analogue.

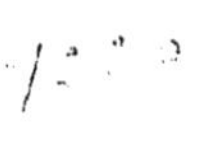

389 — Deux candélabres du temps de Louis XVI, formés chacun d'une figurine d'amour en bronze à patine verte, tenant une branche de rosier terminée par deux fleurs formant les lumières, en bronze ciselé et doré. Socles cylindriques en marbre blanc et bronze doré.

Haut., 43 cent.

390 — Deux cassolettes Louis XVI, marbre blanc et bronze ciselé et doré; modèle à trépied orné de têtes de satyres à longues cornes tordues en spirales; socles triangulaires de marbre blanc montés sur trois pieds.

Haut., 38 cent.

391 — Deux petits bras de mur à une branche porte-lumière, en bronze très finement ciselé et doré, de l'époque Louis XVI. La plaquette se compose de feuillages et de grappes de raisin placés au-dessous d'une cassolette encadrée de branches de lierre. La tige de la branche est cannelée et entourée de feuilles d'acanthe.

Le binet circulaire, orné de cannelures obliques, est surmonté d'une bobêche à bord carré rabattu et décoré d'un entrelacs de perles et de feuilles, découpé à jour.

392 — Coupe oblongue à godrons en porcelaine bleu de roi, avec belle monture du temps de Louis XVI, à anses doubles serpents, en bronze ciselé et doré.

Haut., 26 cent ; larg., 44 cent.

393 — Deux vases en bronze vert à parties dorées, à panses ovoïdes, anses doubles à têtes d'oiseaux et guirlandes de fleurs.

Haut., 47 cent.

394 — Deux aiguières Louis XVI, de forme ovoïde, le corps en porcelaine bleu de roi, le col, l'anse ornée d'une cariatide, le culot formé de feuillages et le pied à cannelures en bronze ciselé et doré.

395 — Petit lustre en bronze ciselé et doré mat de style Louis XVI. Il est en forme de vase hémisphérique à long col et à fond

bleui sur lequel ressortent : un culot à feuillages terminé par une grappe de raisin, une frise ajourée de palmettes, et des cannelures fleuronnées en spirale autour du col, etc.

Trois cariatides, en ronde bosse, tiennent les six bras porte-lumières composés de tiges à torsades et à volutes.

396 — Petit vase ovoïde à col évasé en lapis-lazuli à pied et anses en bronze ciselé et doré. Ces anses sont formées de têtes de béliers à longues cornes contournées en spirale et s'appuyant sur le bord du vase. Piédestal carré en bronze doré garni de plaquettes de lapis.

Haut., 22 cent.

397 — Grande lanterne ronde en bronze, de style Louis XVI, avec quatre becs à gaz.

398 — Galerie de foyer cintrée composée de deux traverses reliant à leur base et à leur sommet cinq colonnettes surmontées de pommes de pin.

399 — Porte-pelle et pincettes garni.

400 — Petit cadre de calendrier en bronze ciselé et doré, modèle Louis XVI, surmonté d'un écusson au chiffre J. M.

401 — Deux bras de mur à quatre lumières en bronze doré, de style Louis XVI.

402 — Deux aiguières en bronze ciselé et doré de l'Empire, anse à tête de coq et mascaron ; pourtour décoré de figures mythologiques, de trophées d'instruments de musique et d'ornements rapportés.

403 — Deux agrafes de mur en bronze ciselé et doré, modèle à dauphins, fleurs de lis, festons et guirlandes.

404 — Aiguière en bronze ciselé et doré mat, formée d'une cuirasse surmontée d'un casque servant de goulot, et garnie d'une anse à dragon et son plateau circulaire.

405 — Deux girandoles en bronze doré, formées de vases tulipes enguirlandés, décorées de médaillons en porcelaine tendre à portraits et contenant des bouquets de lis à quatre lumières. Les vases reposent sur des socles cylindriques en bronze et porcelaine bleu turquoise au chiffre royal.

406 — Petit lustre à huit lumières, composé de tiges en fer garnies de fleurs et de feuilles en verre. Travail de Berlin.

407 — Lanterne en bronze doré Louis XV.

408 — Lustre formé d'un vase en porcelaine de Chine émaillée, contenant une lampe, et de huit bras porte-lumières, en bronze doré, de style Louis XVI.

409 — Deux flambeaux en bronze ciselé et doré, pied contourné à feuilles d'eau et cannelures, tige à triple console surmontée de cariatides d'enfants, avec cartels chargés de divers attributs.

410 — Galerie pare-étincelles, formée de cinq jolies colonnettes surmontées de vases ovoïdes et reliées à leur sommet et à leur base par deux traverses, le tout en bronze ciselé et doré, modèle Louis XVI.

411 — Porte-pelle et pincettes garni.

412 — Deux lanternes avec potences en cuivre verni, style Renaissance.

413 — Deux flambeaux bas à deux branches, modèle à rocailles, en bronze ciselé et doré.

Haut., 13 cent.

414 — Lampadaire à tige hexagone montée sur trépied en bois noir, garni de moulures et d'ornements en bronze, et supportant trois dauphins en bronze sur lesquels repose une tablette circulaire de marbre blanc.

415 — Deux petits flambeaux en bronze ciselé et doré de style Louis XVI.

416 — Gaine carrée en cuivre à quatre faces, décorée de feuillages et d'ornements de style Louis XIV.

417 — Deux agrafes de mur, modèles lyre à ruban en bronze doré. Style Louis XVI.

418 — Support trépied en bronze.

419 — Galerie de foyer, Empire, en bronze.

420 — Deux flambeaux style Louis XV, porte-pelle et pincettes bronze.

421 — Porte-pelle et pincettes garni en bronze.

422 — Brûle-parfums à trépied en bronze vert et bronze doré, du temps de l'Empire.

Haut., 40 cent.

423 — Vase en bronze du temps de l'Empire, à figures dorées : Faunes accroupis.

Haut., 36 cent.

424 — Cassolette à parfums, forme trépied antique à cariatides ailées; bronze vert et bronze doré.

425 — Petit lustre en cuivre à six branches, de style flamand.

426 — Lustre en bronze garni de cristaux et à dix-huit bougies à gaz.

427 — Deux appliques de style Louis XVI, en bronze doré à cinq lumières à gaz, entourant un carquois suspendu par un ruban.

428 — Deux appliques en bronze à six bougies à gaz, garnies de cristaux.

429 à 436 — Seize bras de mur, de style Louis XVI, en bronze formant lampes à gaz.

437 — Deux appliques à trois branches à gaz, en bronze de style Louis XVI.

438 — Deux bras de mur en bronze, même style.

439 — Applique en bronze à deux becs à gaz.

440 — Deux jardinières sphériques en cuivre découpé, et à anses mufles de lion avec anneaux mouvants.

441 — Corbeille à papier en cuivre repoussé.

442 — Jardinière longue en métal estampé et doré.

443 — Deux paires de mouchettes, l'une en acier, l'autre en cuivre doré.

MEUBLES ANCIENS ET DE STYLE

444 — Petit bureau rectangulaire de l'époque Louis XVI, attribué à Riesener, en acajou et en bois des îles, marqueté à treillis et filets, décoré au pourtour du bandeau, de quatre bas-reliefs en bronze doré : groupes d'amours, en ressaut sur une bande de canneaux alternant avec des fleurons. Les pieds carrés ont les angles garnis d'une torsade en bronze, les sabots sont formés de feuilles d'acanthe. Le dessus est entouré d'une galerie de cuivre.

Long., 83 cent.; larg., 51 cent.

445 — Très beau meuble à deux corps, forme secrétaire, en bois d'ébène enrichi de bronzes ciselés et dorés et de plaques de porcelaine décorée.

Le corps supérieur ouvre au moyen d'un abattant orné d'une grande plaque de porcelaine représentant un pâturage, d'après Paul Potter, laquelle est entourée de huit plaquettes de porcelaine à feston de fleurs et bordure gros bleu quadrillé d'or. Aux montants sont accotées deux cariatides de bronze doré supportant un bandeau saillant garni de trois médaillons circulaires et deux plaquettes en porcelaine décorée ; le médaillon central est en vieux Sèvres pâte tendre à décor d'oiseaux ; les deux autres représentent des animaux qui semblent peints par De Marne.

Le corps inférieur du meuble est une console à fond et tablette d'entrejambes en glace étamée, présentant sur la façade six colonnettes corinthiennes, trois à chaque angle.

Ce meuble provient de la collection de Mme la duchesse de Berry.

Hauteur du meuble, 1 m. 48 cent.; larg., 85 cent.

446 — Jolie petite table de dame, bois rose, citronnier et marqueterie, garnie de cuivres ciselés et dorés du temps de Louis XVI. Le dessus, de forme ovale, marqueté à décor de vases, de perles et de rinceaux, est entouré d'une galerie et d'un lambrequin de bronze ciselé et doré. La tablette d'entrejambes, en forme de rognon, reproduit la même ornementation. Les quatre pieds, légèrement contournés à leur base, sont garnis de corbeilles de fleurs et de chutes en bronze.

447 — Beau coffre de mariage, rectangulaire et à couvercle légèrement cintré, placé sur une table-console en marqueterie de cuivre et d'écaille. Le coffre est richement garni de cuivres tels que : poignées sur le couvercle et aux deux côtés ; larges plaques à mascarons ; serrure avec cache-entrée formée d'une tête de Méduse ; traverses ciselées à feuillages, écoinçons à fleurons. La console est à tiroir, à quatre pieds carrés, et à fond plein marqueté ; les pieds sont reliés par une tablette d'entrejambes au centre de laquelle se dresse une chimère en bronze doré.

Hauteur totale, 1 m. 20 cent.; largeur de la console, 70 cent.

448 — Tricoteuse du temps de Louis XVI, à deux tablettes portées par quatre pieds, et entourée d'un bord vertical en bois d'acajou marqueté à treillis et orné de moulures, de cordons de perles et de chutes en bronze doré.

Long., 68 cent.

449 — Beau bureau de style Louis XIV, de forme contournée, en marqueterie de cuivre et garni de bronzes ciselés et dorés : chutes à têtes de faunes, sabots pieds de biche, mascarons, etc., etc. Le dessus couvert en basane est entouré d'une bordure à rinceaux en marqueterie de cuivre et bordé d'un quart de rond en bronze doré.

Long., 1 m. 50 cent.; larg., 72 cent.

450 — Beau meuble vitrine de style Louis XVI, par Crozatier; il est à deux corps et à côtés arrondis, en bois des îles et marqueterie, très richement garni de bronzes ciselés et dorés.

Le corps inférieur est à porte pleine marquetée à fleurons et quadrilles et ornée d'un médaillon central en bronze doré à figures d'enfants et entourage de fleurs. Cette porte est placée entre deux colonnes détachées cannelées et surmontée d'un tore de laurier en bronze doré ; les côtés garnis d'étagères sont à portes vitrées.

La partie supérieure en retrait est à portes vitrées et décorée de belles colonnettes de bronze supportant une corniche couverte de moulures en bronze et surmontée d'une galerie à vases et petit fronton orné d'un médaillon à portrait soutenu par des amours.

Haut., 2 m.; long., 1 m. 55 cent

451 — Meuble semblable au précédent.

452 — Grand meuble vitrine à deux corps, en bois d'acajou garni de moulures ornementales et d'appliques en bronze ciselé et doré dans le style Louis XVI. Le corps supérieur du meuble, cintré aux extrémités, ouvre à quatre portes vitrées et le fond est en glace étamée. Le corps inférieur, en ressaut, a les côtés également cintrés et munis de portes vitrées. La face est à deux vantaux pleins surmontés d'un tiroir. Dessus et tablettes en marbre blanc.

Ce meuble a été exécuté par Crozatier.

453 — Meuble-étagère semblable au corps inférieur du meuble précédent ; la face à une seule porte vitrée, les côtés cintrés à tablettes de marbre blanc formant étagères et fonds à glace étamée. Dessus de marbre blanc.

454 — Grande table de salle à manger en acajou à pied cylindrique monté sur quatre consoles.

455 — Belle commode droite, à trois tiroirs, à angles arrondis, en marqueterie de Boulle, cuivre, écaille et nacre, avec entrées de serrure, poignées, mascarons et ornements en bronze ciselé et doré; elle est montée sur deux pieds à double volute également en bronze, travail de l'époque Louis XIV. Tablette en marbre vert de mer.

Elle provient de la vente Sébastiani.

Long., 1 m. 25 cent.

456 — Cartonnier bout de bureau de forme contournée, de la Régence, en bois violette garni de cuivres et surmonté d'une pendule, au nom de *Julien Le Roy de la Société des Arts*, et sur laquelle est placée une figurine de l'Amour en bronze ciselé et doré.

Haut., 97 cent.; larg., 75 cent.

457 — Belle commode droite, du temps de Louis XVI, en bois d'acajou à angles arrondis garnis de moulures, de festons de feuillages, de rubans de fleurs et d'ornements-appliques en bronze ciselé et doré. La face est ornée en incrustation de bois du chiffre de Mme de Lamballe à qui le meuble aurait été offert par Marie-Antoinette. Tablette de marbre blanc.

Long., 1 m. 28 cent.

458 — Coffre de l'époque Louis XIV, recouvert en cuir gaufré et doré au petit fer, fleurdelisé sur toutes les faces et portant sur le couvercle un écusson armorié ; garniture en cuivre doré ; écoinçons, moraillons, poignées, etc.

459 — Deux gaines à quatre faces en bois d'acajou, très richement garnies de bronzes ciselés et dorés : festons et guirlandes noués par des rubans, retombées de feuillages et d'attributs divers. Les angles sont coupés et ornés de têtes de béliers, placées sous un bandeau, en ressaut, supportant une gorge circulaire. Beau travail de style Louis XVI, exécuté par Grohé.

460 — Guéridon rond en bois d'amarante richement garni de bronzes ciselés et dorés : au pourtour, d'une frise à rinceaux feuillagés, vases et figurines d'enfants ; aux pieds, de chapiteaux coniques et de guirlandes ; au bord, d'un cordon de perles et d'un quart de rond. Les pieds sont reliés à leur base par quatre croisettes courbes entre-croisées supportant un vase de bronze. Dessus en mosaïque de marbres rares à décor rayonnant, papillons, etc.

Ce meuble provient de la vente Le Hon.

461 — Guéridon rond, monté sur trois pieds, en citronnier et bois de couleur marqueté à filets, à dessus et à tablette d'entre-

jambes, ornés de deux plaques en porcelaine tendre a décor de fruits et d'oiseaux avec bordure fond rose à rehauts d'or. Le pourtour du bandeau offre une rangée de plaquettes losangées, aussi en porcelaine tendre décorée de roses.

462 — Bonheur-du-jour en acajou : le corps supérieur en retrait, à tiroir et porte à glace ; les côtés formant étagères arrondies à tablettes de marbre vert de mer bordées de galeries de cuivre et à fond de glace étamée. Le corps inférieur, ou console, à tiroir et tablette rentrante, est supporté par quatre pieds colonnettes cannelées, surmontées de miniatures en grisaille dans le goût de De Gault et reliées à leur base par une tablette de marbre. Le fond est garni d'une glace étamée.

463 — Jolie toilette-psyché à tiroir et à quatre pieds colonnettes à chapiteaux, en bois de placage enrichi de cuivres ciselés et dorés de style Louis XVI. La tablette en marbre blanc est surmontée d'une glace pivotant sur deux colonnettes de bronze, garnies chacune d'une branche porte-lumière et supportant une corniche cintrée couronnée par des figurines d'amours tenant une couronne.

Ce meuble a été exécuté par Crozatier.

464 — Jolie table de nuit en bois d'acajou à pieds contournés, enrichie d'appliques découpées à jour, de fleurons, chutes, moulures et sabots en bronze ciselé et doré avec dessus à galerie : beau modèle de style Louis XVI.

465 — Deux casiers à partitions, en bois de palissandre, à montants cannelés et tablettes entourées de galeries de cuivre. Style Louis XVI.

466 — Grande console-étagère, de style Louis XVI, de forme contournée, en bois de placage, garnie de bronzes ciselés et dorés. Dessus de marbre entouré d'une galerie de cuivre.

Haut., 1 m. 6 cent.; larg., 1 m. 68 cent.

467 — Petite table du temps de Louis XVI, en bois d'acajou sur pieds à X, avec entrejambes découpé, garnie de bronzes ciselés et dorés et à dessus de porcelaine portant les lettres S. B., enlacées.

Haut., 72 cent.; larg., 50 cent.

468 — Table du temps de Louis XV, en bois de placage, garnie de bronzes.

Larg., 93 cent.

469 — Table à jeu en acajou, de style Louis XV.

470 — Meuble vitré, de style Louis XVI, en bois d'acajou et bois d'érable garni de bronzes dorés.

Haut., 91 cent.; larg., 95 cent.

471 — Grande armoire du temps de Louis XVI, en acajou moucheté, orné de perles et de tigettes en bronze doré. Ce meuble est garni de tiroirs à l'intérieur.

Haut., 2 m. 20 cent.; larg., 1 m. 70 cent.

472 — Armoire-bibliothèque du temps de Louis XVI, en bois d'acajou à montants cannelés. Elle provient de la vente de Viel-Castel.

Haut., 2 m. 60 cent.; larg., 1 m. 65 cent.

473 — Deux gaines en bois noir richement garnies de moulures, de mascarons, d'attributs guerriers, de médaillons à portraits en cuivre et de médailles en bronze. Style Louis XIV.

474 — Bureau Louis XVI, à cylindre, en bois d'acajou à pieds cannelés, orné de moulures de cuivre. Tablette en marbre blanc à galerie de cuivre.

475 — Pupitre portatif, à décor de fleurs, au vernis de Martin.

476 — Meuble vitrine d'entre-deux en bois d'acajou et à parties d'ébène, très richement garni de fleurons, de festons de roses, de vases et de moulures en bronze ciselé et doré de style Louis XVI. Tablette en marbre blanc.

Long., 96 cent.

477 — Très grande armoire en bois de palissandre, garnie d'appliques, moulures et ornements en cuivre ouvrant à trois portes; deux à panneaux pleins, et celle du milieu à glace et en ressaut. Ce meuble est couronné par trois frontons cintrés. (A l'intérieur, coffre de sûreté en fer.)

478 — Deux chiffonniers de chez Grohé, en bois de rose, cantonné aux angles, de colonnettes engagées avec garniture de cuivres dorés; style Louis XVI; tablettes en brocatelle d'Espagne.

479 — Petite vitrine à bijoux en marqueterie de cuivre sur écaille, les glaces encadrées de moulures de cuivre, ornées de perles.

Haut., 55 cent.; larg., 38 cent.

480 — Chevalet à tableau en bois sculpté et richement ornementé, dans le style Louis XVI.

481 — Baromètre du temps de l'Empire, de Chevallier, en acajou et bronze.

Haut., 80 cent.

482 — Console Louis XVI, forme demi-lune, en acajou, garnie de cuivre, avec deux tablettes d'entrejambes et à fond de glace.

483 — Meuble Louis XVI, à hauteur d'appui, plaqué de bois de couleurs variées et ouvrant au moyen de deux coulisseaux superposés.

484 — Petit meuble vitrine plate, à angles arrondis, en bois d'acajou, à quatre pieds formés de colonnettes à cannelures de cuivre, avec tablette d'entrejambes.

485 — Table en noyer, style Henri II, à rallonges et à six pieds reliés par une file d'arcades.

486 — Support de style chinois, en bois sculpté et découpé à jour, enrichi de rosaces et de plaquettes repercées, ainsi que de têtes de chimères en bronze ciselé et doré. Dessus en marbre griotte.

487 — Guéridon Empire, en bois d'acajou, orné d'un denticule doré et à trois pieds reliés par une tablette circulaire de marbre à galerie. Dessus également en marbre et à galerie.

488 — Une table à ouvrage, style Louis XV, en bois noir décoré de fleurs et d'ornements en incrustation de cuivre, d'ivoire et de nacre.

489 — Petite table Louis XV, carrée, à tiroirs et tablette rentrante en palissandre et bois de rose marqueté à fleurs.

490 — Petite table-étagère en acajou garnie de cuivres, à deux tablettes d'entrejambes et à dessus de marbre blanc. Style Louis XVI.

491 — Table-rognon à quatre pieds cannelés, à filets de cuivre, et dessus bordé d'une galerie.

492 — Table entièrement garnie en velours et à dessus d'ancien velours grenat, orné de broderies de soie et d'argent en relief à fleurons, feuillages et entrelacs.

493 — Caisse à fleurs en bois satiné, de l'époque Louis XV, forme carrée, à angles coupés, et montée sur petits pieds garnis de sabots en cuivre.

494 — Caisse à fleurs, marquetée et montée sur quatre pieds à griffes. Travail hollandais.

495 — Caisse à fleurs Louis XVI, de forme cylindrique, en acajou, à pourtour décoré de cannelures et montée sur quatre pieds également cannelés.

MEUBLES EN BOIS DORÉ

496 — Très belle console en bois doré, de l'époque Louis XVI, chargée d'ornements du meilleur goût et sculptés avec une extrême délicatesse. Une branche de lierre qui s'enroule autour d'un cordon de piastres court sur la frise du bandeau, découpée à jour, bordée en haut par des perles et une rangée d'oves, et, en bas, par un listel et une feuille d'eau. Quatre carquois, pleins de flèches, et décorés d'imbrications, simulent les pieds de la console et sont reliés par une guirlande de fleurs passée dans des anneaux autour de l'arc de l'Amour, fixé sous le bandeau. Tablette de marbre blanc.

Haut., 86 cent.; long., 1 m. 15 cent.; larg., 53 cent.

497 — Très beau baromètre du temps de Louis XVI, en bois finement sculpté et doré et du plus charmant modèle. Une rangée de feuilles d'eau décore la moulure de la lunette, dont la bélière est suspendue par un large ruban à une patère agrémentée de rubans qui retombent en ondulations. Deux guirlandes de roses, sculptées en haut-relief, contournent la circonférence de la lunette, sous laquelle elles viennent se joindre pour former une seule grappe pendante.

Haut., 95 cent.

498 — Beau lit en bois sculpté et doré, à frise d'entrelacs, tore de laurier et feuillages, garni en satin blanc broché en soie de couleur, à tiges fleuries de l'époque Louis XVI.

499 — Deux supports Louis XVI, en bois sculpté, peint et doré, en forme de trépieds, à cariatides de femmes reposant sur un socle triangulaire.

500 — Deux consoles d'applique en bois sculpté et doré, à dessus de velours grenat.

501 — Paravent à deux faces et à trois feuilles en bois doré, de style Louis XVI; les panneaux sont tendus de toile blanche, décorée de feuillages entremêlés de rubans, en fils dorés et argentés.

502 — Écran en bois doré, du temps de Louis XV, avec feuille ancienne en tapisserie au petit point.

503 — Un écran, bois doré, avec feuille en tapisserie au point.

504 — Support formé d'une colonne torse entourée de branches

de vigne et surmontée d'un chapiteau ionique ; bois peint en noir et à parties dorées.

505 — Chambranle de porte Louis XV, en bois peint à l'imitation du marbre, avec petits cartels contenant des glaces étamées et encadrées d'ornements rocaille relevés de dorure.

506 — Fronton de meuble en bois sculpté et doré à fleurs, feuilles d'acanthe et rinceaux de l'époque Louis XIV.

507 — Thyrse Louis XVI, en bois sculpté et doré.

GLACES

508 — Glace Louis XVI, à cadre en bois sculpté et doré, orné d'un double ruban entre-croisé, de retombées de tiges de roses et surmonté d'une couronne de fleurs et d'une rosette d'où s'échappent des festons de fleurs descendant sur la partie supérieure de la glace.

509 — Grande glace Louis XVI, à encadrement de bois sculpté et doré, à entrelacs de feuillages, de rubans, et surmonté de couronnes et de guirlandes.

510 — Glace pareille à celle qui précède, mais en pâte.

511 — Deux grandes glaces Louis XVI, à encadrement sculpté et doré, avec couronnement à guirlandes et nœuds de rubans.

512-513 — Deux grandes glaces avec bordures dorées.

514 — Glace d'entre-deux, du temps de Louis XVI, en bois doré, avec fronton et cul-de-lampe.

Haut., 2 m. 13 cent.; larg., 45 cent.

515 — Très grande glace encadrée dans une moulure peinte, couleur chêne à filets dorés.

516-517 — Deux grandes glaces, cadres recouverts de fausse guipure.

518 — Glace dans un cadre Louis XVI, bois sculpté et doré, à fronton composé d'attributs champêtres et de guirlandes.

519 — Grande glace dans un cadre peint en blanc.

520 — Glace avec cadre couleur chêne (lingerie).

521 — Glace étroite Louis XVI, fronton à médaillons et rinceaux.

522 — Glace de cheminée (chambre à coucher, troisième étage).

523 — Glace de cheminée (cabinet de toilette).

SIÈGES DE LUXE

524 — Ameublement de salon en bois sculpté et doré, du temps de Louis XVI, de forme et d'ornementation élégante, recouvert en ancienne tapisserie d'Aubusson, offrant aux dossiers des scènes enfantines sous des lambrequins, et sur les sièges des sujets tirés des Fables de La Fontaine. Il se compose de : un petit canapé, deux marquises, deux fauteuils et six chaises. (Les encadrements, à fond bleu, sont refaits en reps.)

525 — Deux fauteuils et quatre chaises à dossiers arrondis, en bois sculpté et doré, de style Louis XV, à feuillages, nœuds et ruban courant, recouverts en satin blanc à bouquets et semis de fleurettes en soie de couleur.

526 — Quatre fauteuils et huit chaises à dossiers ovales, en bois d'acajou sculpté à guirlandes de laurier, rubans et feuillages, recouverts en lampas à fleurs sur fond de satin vert.

527 — Deux fauteuils et quatre chaises, dossiers à angles droits et milieu cintré, en bois sculpté et doré, de style Louis XVI, modèle à rubans courant, perles et feuilles d'acanthe. Ces sièges sont recouverts en satin de Chine de plusieurs tons, enrichi de broderies de soie représentant des groupes de figures dans des paysages avec kiosques, ponts rustiques, etc.

528 — Un pouf de milieu à quatre places, en satin de Chine capitonné, fond bronze, broché à fleurs et garni de glands et de franges en passementerie de soie.

529 — Causeuse à deux places, en satin gris d'argent décoré d'applications de broderies, gerbes de fleurs. Le dossier, contourné en S, est bordé d'une grosse torsade en velours bleu et satin gris, alternés.

530 — Tabouret de pied, de l'époque Louis XVI, en bois d'acajou décoré de cordons de perles de cuivre, droits et festonnés. Il est carré et monté sur quatre petits pieds à volutes. Le dessus du tabouret est formé d'une glace étamée, sur laquelle se place un coussin de damas entouré d'une galerie en bronze ajouré et doré.

531 — Deux canapés recouverts en satin cerise broché blanc, à motif d'attributs champêtres encadrés de rinceaux.

532 — Fauteuil-crapaud en bois doré, forme Louis XV, recouvert en tapisserie au point à compartiments de fleurs rehaussés de fils d'argent.

533 — Bergère en bois sculpté et doré, très élégant modèle de style Louis XVI, exécuté par Dromard; elle est recouverte en damas de soie vert d'eau à fleurs.

534 — Deux fauteuils à dossiers arrondis et accoudoirs cintrés en bois sculpté et doré, de style Louis XVI, garnis d'étoffe de laine à fleurs multicolores.

535 — Fauteuil à dossier bas, en bois doré, forme Louis XV, recouvert en damas à fleurs, fond vert et fond gris d'argent, alternés.

536 — Deux petites chaises à dossiers à lyres en bois sculpté et doré, de style Louis XVI, et foncées de canne dorée.

537 — Petite chaise bois doré, garnie en satin violet broché à fleurs.

538 — Bergère en étoffe brochée à fleurs et rubans, en satin crème et en peluche grise, avec grilles à glands.

539 — Deux chaises bois doré, Louis XVI, recouvertes en soie brochée à fleurs, les dossiers ornés du carquois de l'Amour entre deux arcs.

540 — Pouf rectangulaire en soie bleue, capitonné, avec dessus en soie verte brochée, à ornements rouges tissés or.

541 — Deux chaises de fantaisie, dans le goût oriental, en bois peint et doré, couvertes en satin à rosaces et ornements rapportés en étoffe bouclée.

542 — Chaise indienne en bois sculpté et découpé à jour, avec siège en drap turc brodé.

543 — Deux chaises bois doré, foncées de canne, élégant modèle Louis XVI, avec dossier à lyre.

544 — Deux chauffeuses à dos ronds, en satin blanc capitonné, broché à fleurs.

545 — Autre, à dossier recourbé en volute, en satin cerise capitonné, broché à fleurs.

546 — Fauteuil recouvert en soie brochée à fleurs et tissée argent.

547 — Deux chaises hollandaises en bois sculpté, avec coussins en cuir.

548 — Tabouret en noyer sculpté, foncé de canne. Style Louis XVI.

549 — Cinq petites chaises entièrement couvertes de satin blanc brodé à la main, du temps de Louis XVI.

550 — Grand pouf couvert d'étoffes chinoises.

551 — Quatre chaises de fantaisie, couvertes en ancienne tapisserie.

552 — Grand canapé en bois doré, couvert de satin brodé à l'aiguille et d'un précieux travail du temps de Louis XVI.

SIÈGES COURANTS

553 — Confortable, deux chaises à dossiers ronds et une chauffeuse, garnis en cretonne à fleurs et dessins polychromes de style oriental.

554 — Quatre chaises volantes, bambou doré.

555 — Deux fauteuils, deux chaises, et une table, en jonc doré et garnis de coussins de velours, de bandes brodées et de franges à grilles.

556 — Fauteuil à dossier oblique, recouvert en cuir et garni de gros clous à têtes en cuivre.

557 — Fauteuil en bois noirci rehaussé d'or, et couvert en étoffe de laine à fleurs.

558 — Deux chaises analogues.

559 — Confortable garni en damas de soie rouge, capitonné, trois chaises basses non garnies.

560 — Quatre tabourets en noyer sculpté, style Louis XVI, garnis en velours vert.

561 — Quatre chaises volantes bois doré, garnies en damas vert à fleurs.

562 — Deux fauteuils capitonnés, une chaise garnie en velours, un fauteuil pliant, trois chaises volantes.

563 — Deux chaises volantes bois noir.

564 — Pouf à pieds figurés par des cordages en bois doré et recouvert en tapisserie au point.

565 — Deux chaises en noyer, style Louis XIII, recouvertes en cuir et garnies de clous à rosaces en cuivre.

566 — Chaise volante en bois de noyer à montants et traverses tournés en balustres, garnie en velours vert frappé.

567 — Quatre chaises de chêne garnies en molesquine noire.

568 — Chaise longue couverte de damas.

OBJETS ET MEUBLES DE L'ORIENT

569 — Vase sphérique et à col en émail cloisonné de la Chine, avec couvercle à bouton de cuivre ajouré, fond turquoise à décor d'oiseaux et de fleurs; il est garni de deux anses faites de dragons et monté sur trois pieds trompes d'éléphants en bronze doré.

570 — Chaufferette en émail cloisonné de la Chine.

571 — Deux petits écrans chinois, la monture en émail cloisonné à décor de grecques et d'ornements sur fond turquoise et la feuille en jade blanc laiteux, présentant d'un côté une branche fleurie sculptée en relief et de l'autre des inscriptions intaillées et dorées.

Haut., 26 cent.; larg., 13 cent.

572 — Petit vase, forme balustre, en émail cloisonné de la Chine, fond turquoise à ornements et lambrequin de couleur. Le col est garni de deux petites anses contournées en S.

573 — Petit vase, gourde à deux renflements en ancien émail cloisonné de la Chine, à décor de rinceaux sur fond turquoise en bas et sur fond verdâtre en haut.

574 — Deux grands plats ronds et deux petits en émail cloisonné du Japon, fond bleu turquoise à décor de fleurs et d'oiseaux.

575 — Deux plateaux ovales à bords relevés en bois dur décoré de fines incrustations de nacre, fleurs et arabesques. Travail annamite.

576 — Pipe en métal ciselé et doré en partie, à chimères et plantes. Travail japonais.

577 — Trousse composée de trois pièces à manches de fer gravé, dans un fourreau d'argent.

578 — Poignard indien à poignée de jade sculpté, incrusté d'or et de rubis et se terminant en tête de cheval.

579 — Poignard indien à poignée et fourreau d'argent, orné de

grecques et d'arabesques filigranées avec garniture d'or enrichie de fleurs exécutées en turquoises et grenats cabochons.

580 — Chasse-mouches indien, formé d'une flammèche de laine, fixée à l'extrémité d'une longue tige en jade sculpté en torsade et garni d'ornements d'argent et de pierreries.

581 — Poignard indien, à poignée de jade blanc laiteux et fourreau d'or ciselé, garni de turquoises serties et représentant des vases, des poissons, etc. L'entrée du fourreau et le bout sont en cuivre.

582 — Poignard à manche de jaspe; fourreau de velours garni d'argent doré et de petits rubis.

583 — Pipe indienne, trois flèches, deux fourreaux en étoffe.

584 — Jolie boite à couvercle, lobée, et son plateau en métal doré, revêtu d'un réseau de maillons en filigrane et décoré de tiges fleuries en émaux de couleurs. Travail chinois.

585 — Coffret rectangulaire, à couvercle bombé, de même provenance et de même travail.

586 — Deux coffrets à flacons de même provenance.

587 — Boîte ovale, en ivoire sculpté et découpé à jour, à rinceaux et figure, de travail indien; elle est garnie d'un chiffre couronné en or rapporté.

588 — Gland chinois en os composé de plusieurs boules concentriques, sculptées et ajourées.

589 — Écran bambou et jonc, à feuille en satin brodé de la Chine.

590 — Gong chinois suspendu à un écran bambou.

591 — Jeu de sept tables rectangulaires en laque de Chine, à ornements gravés.

592 — Jeu de tables; sept pièces en laque de Chine, de forme triangulaire à ornements gravés.

593 — Jeu de tables à pieds en forme de lyres, en laque à décor de personnages en dorure sur fond noir.

594 — Petit paravent à sept feuilles ornées d'incrustations de pierres de lard à fleurs et oiseaux. Travail chinois.

595 — Huit grands panneaux étroits, provenant d'un paravent, encadrements dorés et feuilles en étoffe bourrée et peinte, figurant des scènes chinoises à nombreux personnages, arbres, habitations, animaux, oiseaux, le tout en relief. Travail chinois.
Ils proviennent de la vente Balzac.

596 — Deux panneaux : Chinois et Chinoises exécutés en étoffes rapportées et en soie peinte.

ÉTOFFES ET TENTURES

597 — Six pièces pour garniture de sièges, en taffetas de soie blanc à fines broderies en soies de couleur, reproduisant des groupes d'amours, d'après Fr. Boucher, encadrés de gracieux ornements et de festons de fleurs. Précieux travail de l'époque Louis XV.

598 — Quatre pièces pour sièges, composées de médaillons en satin blanc, brodé de bouquets de roses en soies de couleur et d'encadrements de satin bleu de ciel décorés de treillis et de festons en broderie.

599 — Grande portière en satin blanc broché en soies de couleur et offrant de charmants motifs qui consistent en médaillons de fleurs en d'attributs champêtres, encadrés d'élégants rinceaux se reliant par des guirlandes de fleurs. Belle étoffe Louis XVI.

600 — Deux portières en satin blanc de la Chine, à fleurs et ornements brodés en soies de couleur, avec entourage de galon en passementerie.

601 — Cantonnière composée de deux draperies en satin rouge de la Chine, brodé à personnages, arbres et rochers, en soies de couleur et fils dorés, et d'un lambrequin en damas de soie rouge, broché à fleurs gris d'argent, plissé à l'italienne sur un bâton doré et bordé de franges.

602 — Deux grands rideaux de croisée en satinette, fond blanc, imprimée à décor de fleurs et de papillons et recouverte d'un fil doré au point de chainette serpentant sur tout le champ du tissu ; avec embrasses et glands.

603 — Deux grandes portières et deux panneaux de tenture en tissu écru, semé de vases à fleurs polychromes et relevés d'or, dans le style persan.

604 — Deux grands rideaux de croisée en satin violet à bordure, et entre-deux de guipure, fond de lit et courtines pareils, ciel

de lit à lambrequin festonné, en étoffe brochée à fleurs et pentes de velours; lambrequin de croisée pareil.

605 — Couvre-lit composé de bandes alternées, satin violet et jaune à broderies chinoises, et d'une bordure de guipure.

606 — Grande portière de velours vert, orné de larges bandes polychromes à fleurs et arabesques de style oriental, circonscrites par un cordonnet d'or au point de chaînette avec franges à glands et câblés; doublure de soie rouge.

607 — Tapis en broderie de soie de couleurs, dite point de Hongrie.

608 — Cantonnières d'une porte et de deux croisées, drapées à l'italienne, en damas vert à festons de fleurs tissées or et argent, avec franges à glands.

609 — Panneau de tapisserie d'Aubusson, fond blanc à médaillon pastoral, encadré de guirlandes de fleurs.

610 — Deux portières de toile imprimée, à dessin oriental, recouvert d'arabesques en point de chaînette or et argent.

611 — Deux rideaux de croisée, d'ancien satin blanc, décoré de bouquets et de rinceaux, appliqués en taffetas teint de toutes nuances, et entouré d'une large bande de velours rouge feu; avec lambrequin assorti.

612 à 615 — Quatre châles cachemire.

616 — Deux panneaux décorés d'oiseaux aquatiques, peints au naturel, ressortant sur fond gaufré et doré à l'imitation du cuir

et entourés de roseaux et de plantes en relief. Ces deux panneaux sont placés dans des boiseries anciennes, à baguettes et ornements dorés.

617 — Tenture d'un grand salon en damas de soie cerise, brochée à fleurs.

618 — Cantonnière composée d'un lambrequin de satin Louis XVI, fond crème à médaillons, bouquets de fleurs, reliés par des guirlandes et d'élégants rinceaux, et d'une pente drapée à l'italienne, partie en satin Louis XVI, semblable à celui du lambrequin, et partie en velours grenat.

619 — Quatre rideaux de croisée en lampas, à fleurs sur fond rouge, avec embrasses et quatre patères en bronze ciselé et doré, formés d'un mufle de lion ayant un serpent dans la gueule.

620 — Deux portières, velours vert à bordure et parties tissées d'or, entourage de glands.

621 à 632 — Collection de douze aumônières des XVIIe et XVIIIe siècles en velours brodé d'or, d'argent et de soie, à blasons, fleurs de lis et ornements en relief.

633 — Portefeuille en soie blanche, enrichi de broderies, à sujets de personnages, fleurs, chiffres, corbeille de fleurs, en soie de couleur, relevées d'or et de paillettes. Fin du XVIIIe siècle.

634 — Huit chaussures de femmes, drap et satin brodés d'or et d'argent.

635 — Quatre portières de damas vert, broché à fleurs.

636 — Tenture de pièce, en damas vert.

637 — Tablette de cheminée en velours, avec rideaux de damas.

638 — Tenture de cabinet de toilette en cretonne, à fleurs et dessins de style oriental.

639 — Deux rideaux de croisée et trois portières de même étoffe.

640 — Portière, peluche rouge.

641 — Portière de toile, brochée bleu à quadrillés et mosaïque.

642 — Store en tulle, décoré de broderie polychrome, représentant une femme chinoise, des arbres en fleurs, des oiseaux, etc., avec encadrement de festons et de papillons.

643 — Deux stores, tissus de laine blanche, à bord inférieur festonné et enrichi de broderies rouges et d'effilés blanc et rouge, et un lambrequin semblable.

644 — Quatre stores de vitrages, plissés à l'italienne.

645 — Six rideaux de vitrage en tulle, à dessins blancs.

646 — Rideaux de vitrage en mousseline rouge.

647 — Table garnie en peluche bleue, avec clous de cuivre et de franges.

TAPIS

648 — Grand et beau tapis d'Orient, à riche dessin, mesurant 5 mètres sur 3 m. 10 cent.

649 — Autre beau tapis oriental de 4 m. 20 cent. sur 1 m. 85 cent.

650 — Autre de 2 m. 90 cent. sur 1 m. 20 cent.

651 — Autre de 2 m. 70 cent. sur 1 m. 10 cent.

652 — Grand tapis de Smyrne, fond rouge à dessin noir, bleu et vert

653 — Carpette orientale, à dessin mosaïque.

654 — Tapis en moquette rouge uni, couvrant le parquet de la salle à manger.

655 — Tapis en moquette, fond noir à fleurs.

656 — Tapis chemin, fond noir à grosses fleurs, avec bordure fond chamois, et bande en moquette rouge uni, plus les tringles en cuivre.

657 — Tapis moquette, fond rouge à dessin mosaïque.

658 — Carpette orientale.

659 — Tapis en moquette rouge uni du salon et de la pièce d'attente.

660 — Tapis oriental fond bleu, dessin mosaïque, encadré de cinq bandes orrementales.

661 — Tapis chemin en moquette, fond noir à fleurs, avec tringles en cuivre.

662 — Tapis en moquette rouge uni.

663 — Tapis moquette, fond blanc à dessin oriental.

664 — Tapis, fond rouge chiné.

665 — Tapis à fond rouge chiné.

FAIENCES MODERNES

666 — Caisse à fleurs, carrée, en bois noir avec plaques en faïence émaillée, à décor de style persan.

667 — Vase et sa console d'angle, décoré en vannerie, avec fleurs en relief, poterie de Monaco.

668 — Vase de jardin à anses et guirlandes de fruits en faïence anglaise, émail brun.

669 — Deux jardinières, forme Médicis, en faïence, décorée de paysages en bleu.

670 — Deux cache-pots en faïence blanche anglaise, à feuilles et rubans émaillés.

VERRERIE

671 — Service de table en cristal de Baccarat, à parties taillées à facettes et composé de : dix carafes à eau, dix carafes à vin, et cent quinze verres à pied, à champagne, vins fins, vins ordinaires et liqueurs.

672 — Soixante-cinq verres à pied de trois dimensions en cristal, gravés au chiffre de Louis-Philippe.

673 — Dix-sept verres, à vin du Rhin en verre jaune gravé, à pied en verre incolore.

674 — Seize coupes et trente flûtes à champagne en cristal.

675 — Onze rince-bouches en cristal gravé au chiffre de Louis-Philippe.

MEUBLES COURANTS

676 — Lit en bois de palissandre, orné de bronzes dorés.

677 — Paravent à quatre feuilles en bois noir, incrusté de filets de cuivre et garni de drap soutaché.

Haut., 1 m. 43 cent.

678 — Table-servante en bois d'acajou, supportant quatre plats couverts et une soupière en porcelaine anglaise, à filets verts.

679 — Vingt-deux assiettes plates et douze assiettes à potage en porcelaine anglaise, à filets vert et or.

680 — Lavabo en palissandre à quatre pieds, avec cuvette et pot à eau en porcelaine, à décor bleu.

681 — Deux fûts de colonnes en bois noir et bronze.

Haut., 1 mètre.

682 — Grande armoire à deux corps, chacun à sept portes pleines, bois peint couleur chêne.

683 — Autre armoire à quatre portes à coulisses.

684 — Bahut à deux portes pleines.

685 — Étagère en bois noici, à trois tablettes, supportées par quatre montants en forme de colonnettes.

686-687 — Deux supports en bois noir garni d'ornements en cuivre, formés de colonnes cannelées supportant une tablette carrée, en marbre.

688 — Table de bouillotte en acajou, forme demi-lune, garnie de cuivres.

689 — Deux banquettes à dossier, recouvertes en étoffe tissée à fleurs et palmettes à l'imitation des tapisseries au petit point.

690 — Armoire en bois d'érable, à moulures et colonnettes en bois violette ouvrant à deux portes à glaces.

691 — Deux petites tables carrées, à tiroir, supportées par quatre pieds, colonnettes, reliés par deux tablettes d'entrejambes.

692 — Support, de style chinois, en bois noir.

693 — Porte-chapeaux en bois noirci à moulures et pilastres cannelés, garnis de patères en cuivre. Dans l'entre-deux, une grande glace cintrée du haut et surmontée d'une tête de lion.

694 — Grande armoire à linge, composée de deux corps à angles droits, ouvrant à huit portes pleines, bois peint, couleur chêne.

695 — Commode couleur chêne à tablette de marbre blanc.

696 — Étagère à livres en bois d'acajou.

697 — Quatre petites consoles-appliques bois noir garni de cuivres.

698 — Meuble à hauteur d'appui, en bois noir, à ornements dorés au pinceau et à portes vitrées.

699 — Table-servante en acajou à dessus de marbre blanc et tablettes d'entrejambes foncées de jonc.

700 — Table à thé, forme Louis XV, à deux tablettes en bois de palissandre.

701 — Table à thé, à deux tablettes en palissandre, de style Louis XV.

702 — Écran d'acajou à tablette s'abattant.

703 — Table à volet en palissandre, et armoire à glace en palissandre.

704 — Toilette-psyché, bois noir garni de cuivres, dessus marbre blanc.

705 — Porte-chapeaux, en cuivre, formé d'une tige verticale, garnie d'agrafes et de bras à nœuds et serpents.

706 — Table à volets et à pieds tors, en palissandre.

707 — Banquette en chêne, foncée de canne.

708 — Piano droit en palissandre, de Érard, enrichi de cuivres rapportés, en bronze ciselé et doré ; deux tabourets de piano, garnis de velours.

709 — Table à volets sur pieds en X, en fer noirci et garni d'ornements en bronze doré.

710 — Table à jeu, bois noir, incrusté de filets de cuivre.

711 — Deux chaises volantes en bois noir.

712 — Casier à musique.

713 — Quatre décors-appliques, bambou peint avec glands.

714 — Table à volets et à pieds tournés en chêne.

715 — Porte-assiettes composé de sept tablettes en jonc portées par des montants d'acajou.

716 — Deux fûts de colonnes cannelées en stuc noir.

717 — Support de style chinois, en bois sculpté, avec quatre pieds à griffes.

718 — Coffre-fort en fer.

719 — Commode en bois de palissandre, à tiroir supérieur formant bureau et tablette en marbre blanc.

720 — Pendule et deux coupes en marbre noir et marbre vert.

721 — Quatre chaises et un fauteuil Brougham recouverts en molesquine.

722 — Lit droit en acajou.

723 — Table à jeu en palissandre.

724 — Toilette à tiroir en palissandre et sa garniture.

725 — Table de nuit en bois de palissandre.

726 — Calorifère à gaz avec plaques en marbre. (Appareil pour repassage.)

727 — Glace avec cadre peint, imitant le chêne, garnie de deux becs à gaz en cuivre.

728 — Boite à clefs et boite à lettres en chêne.

729 — Toilette en palissandre, à deux tiroirs, tablette de marbre blanc et glace à contours, avec petites étagères.

730 — Lit couvert en étoffe imprimée, deux rideaux de croisée, et deux rideaux d'alcôve, étoffe imprimée avec embrasses.

731 — Toilette de marbre blanc surmontée d'une glace.

732 — Baignoire nickelée.

733 — Table de nuit à volets en acajou.

734 — Coffre en bois, garni en reps et en velours.

735 — Lit en fer, table de toilette acajou, table à volet, acajou, glace.

736 — Belle et nombreuse batterie de cuisine, en cuivre, fer battu, etc., etc.

www.ingramcontent.com/pod-product-compliance
Ingram Content Group UK Ltd.
Pitfield, Milton Keynes, MK11 3LW, UK
UKHW020332180726
13839UKWH00002B/664

9 782329 609393